新媒体运营实战

品牌定位｜内容规划
引流推广｜营销转化

张宇微 / 著

人民邮电出版社

北京

图书在版编目（CIP）数据

新媒体运营实战：品牌定位、内容规划、引流推广
、营销转化 / 张宇微著. -- 北京：人民邮电出版社，
2018.5（2019.7重印）
ISBN 978-7-115-47834-4

Ⅰ. ①新… Ⅱ. ①张… Ⅲ. ①传播媒介－运营管理
Ⅳ. ①G206.2

中国版本图书馆CIP数据核字(2018)第017087号

内 容 提 要

本书以新媒体账号的运营为主线，深刻剖析了账号准备、名称拟定、简介撰写、内容排版、标题撰写、文章类型以及账号引流、互动时的特征、方法与产生的问题等，帮助阅读者从新媒体运营新人，迅速成长为新媒体运营高手。

本书共鸣感强、实战性强、可借鉴性强，接轨企业需求，契合用户心理。它既是新媒体求职者和新人的入行宝典，又可以作为营销、商务、IT相关专业人员的工具用书，同时还可以帮助新媒体相关专业的学生对新媒体运营方法拥有全新的认知。

◆ 著　　　　张宇微
　　责任编辑　恭竟平
　　责任印制　周昇亮

◆ 人民邮电出版社出版发行　　北京市丰台区成寿寺路 11 号
　　邮编　100164　电子邮件　315@ptpress.com.cn
　　网址　http://www.ptpress.com.cn
　　北京虎彩文化传播有限公司印刷

◆ 开本：700×1000　1/16
　　印张：14　　　　　　　　　　2018 年 5 月第 1 版
　　字数：227 千字　　　　　　　2019 年 7 月北京第 6 次印刷

定价：49.80 元

读者服务热线：(010)81055296　印装质量热线：(010)81055316
反盗版热线：(010)81055315
广告经营许可证：京东工商广登字 20170147 号

前言

在运营新媒体账号的过程当中，你是否也曾遇到过"账号起名困难、不知道简介该如何撰写、内容发布毫无头绪"等一连串的问题？你是否也曾羡慕别人唯美的内容排版，却不知道该如何操作？你是否也曾被老板追问，为什么别人捕捉热点事件都很准，而你却毫不知情？你是否也曾被抱怨，为什么你的内容除了图片就是文字，毫无创新？

别着急，本书将从账户起名、简介撰写、内容排版、标题撰写、文章的常见类型等多方面，帮助你认清企业现状，做好新媒体运营。本书内容可以让你从一位新媒体营销门外汉，迅速成长为新媒体营销高手。

在工作当中，你是否总是被期望写出 10 万 + 阅读量的文章？账号阅读者一掉就被批评？发起活动参与人数少，老板要抱怨？活动参与度高，但没人购买产品，被定为营销不到位？为一个新兴行业的新媒体账户做运营，第一秒就被要求说出运营方向，否则就会指责你不懂营销？就算客户提供的资料再少，你的方案也必须要出彩？

没关系，本书笔者拥有大量实战经验，帮助你洞悉 10 万 + 阅读量文章的奥秘，总结新媒体引流互动方法，让你快速吸引阅读者、永葆新媒体账户的活跃度；帮助你变成老板器重、客户追捧、同事爱戴的新媒体运营官。

本书特色

（1）共鸣感强：本书根据实际操作经验总结、分析操作难点，让阅读者身临其境，解决实际工作当中的棘手问题。

（2）实操性强：本书侧重讲解工作中的实操问题，能够让阅读者将学习到的营销方法切实应用于实际工作当中，让阅读者快速上手新媒体营销。

（3）可借鉴性强：本书全部根据真实操作经验总结，精选常见问题进行深度分析。

（4）迎合时代需求：现在新媒体营销已经进入白热化阶段，急需新型营销工具及引流互动方法的出现。本书笔者对多年工作经验总结提炼，让阅读者学会极具竞争力的新媒体营销方法。

（5）易学易用：与传统的营销书籍相比，本书侧重使用浅显平实的语言讲解专业新媒体营销方法，让阅读者便于理解，并且能够适时还原，应用于工作实操当中。

本书内容及体系结构

第1章：7招搞定准备工作

本章着重讲解新媒体运营准备阶段必须要做的工作，引导阅读者认清企业自身现状，确认营销目标，熟络本行业新媒体运营模式，了解客户痛点，进而对新媒体准确定位，并确定发布方向，做好素材搜集，为日后的新媒体营销工作提供便利。

第2章：新媒体取名的方法

笔者总结多年工作经验，汇总出新媒体取名的11种方法，引导阅读者根据企业文化、风格，为自己的新媒体账号取合适的名称，让你赢在新媒体宣传推广的早期，吸引更多人对你的新媒体账号产生兴趣，并持续追随。

第3章：简介撰写的黄金模式

笔者通过广泛搜集案例，总结出8种简介撰写的黄金模式，引导阅读者根据企业自身情况，撰写出阅读者看得懂、老板满意又富有新意的新媒体简介，让你赢在新媒体推广的账户准备阶段，让更多的人对账户功能一目了然。

第4章：版式设计的相关技巧

笔者通过广泛的实操经验，总结出9种常见的版式设计技巧，供大家在日后的工作当中熟练使用。这些技巧让你的新媒体账号看上去整洁大方、赏心悦目，也让新媒体文章内容更加吸睛。

第5章：文章标题的吸睛方法

在新媒体平台当中有些文章阅读量能过 10 万，而有些文章却只有寥寥几十个人阅读。你知道这是为什么吗？笔者通过广泛搜集与细心整理，总结出文章标题的吸睛方法，让你写出既有新意又吸睛的文章标题，赢在新媒体推广的运维阶段。

第6章：新媒体文章的常见类型

在新媒体平台流行的今天，很多企业家都要求自己的运营人员去撰写新媒体文章，但是大家能够看到的文章类型往往就那么几种，除了文字就是图片，让人觉得厌倦。别着急，本章总结了 10 种常见的文章类型，能帮助你灵活运用，写出丰富多彩的文章内容。

第7章：提升新媒体营销力的小工具

在运营新媒体时你是不是也曾被老板这样质问："为什么不能给我一些新鲜的东西？还有哪些小工具能够提升账号的营销力？"在本章，笔者根据多年工作经验总结出 10 个可以提升账号营销力的小工具，让你的新媒体账号更具竞争力。

第8章：新媒体常见的引流方法

运营新媒体平台，你可能也被困扰过：到底该如何引流？本章将教给你新媒体最常见的 9 种引流方法，让你玩儿转新媒体活动，利用最短的时间达成运营目标，吸引到更多的阅读者，从而体验一呼百应的感觉。

第9章：新媒体常见的互动方法

如果企业的官方自媒体平台上无人互动，留言者寥寥，你是不是也没有兴趣继续浏览？本章笔者汇总了新媒体平台常见的 10 种互动方法，可以让你的官方账号热闹起来，吸引更多的人来追随。

第10章：新媒体营销的其他小技巧

除了本书前面提到的方法、技巧之外，运营新媒体账号还需要其他一些要素作为支撑。笔者在本章根据实操经验汇总了一些小技巧，希望能够帮助你在其他细节处注意，更好地运营新媒体，从而促使你的新媒体账号变成大 V 公众号。

适合读者

- 互联网行业的创业者。
- 微信、微博、今日头条的运营人员。
- 传统企业的营销人员。
- 广告宣传人员。
- 媒体企业的文案人员。
- 淘宝、京东等电商平台的运营人员。

Contents ／ 目录

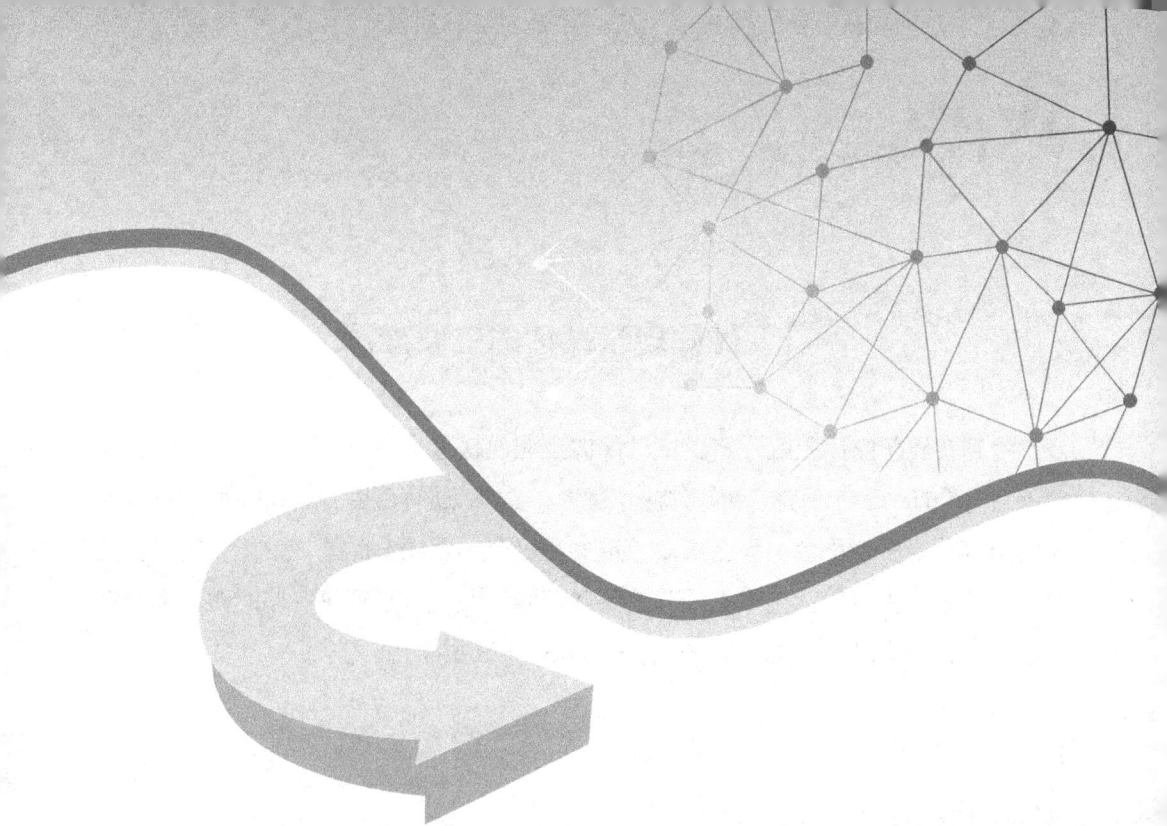

第1章
7 招搞定准备工作

在新媒体运营之初，很多企业都不知道该从哪里入手，该准备什么资料，该如何为自己的企业进行定位。本章就来为你揭开这一系列问题的答案，教给你评估企业现状的方法，确定营销目标，迅速找到行业案例，做好充足的运营前准备，为企业日后的新媒体运营铺平道路。

1.1 做好现状评估的三要素法

提到布局新媒体，就一定少不了评估企业现状这个环节。但是，有很多企业家都对这个环节表示头疼。新媒体除了微博、微信，还有百度百家、易信、企鹅号、搜狐自媒体等多个平台，那么到底该选择哪一个入驻呢？此外，论坛、门户新闻等到底该不该去运营？搜索引擎营销到底该如何做？为了解决这些问题，本节将教给大家一个快速对企业现状做评估的方法——三要素法。

1.1.1 三要素法是什么

要素一：看知名度

一般情况下，企业知名度有这样 4 种情况：没有名气，名不见经传，被圈内一小部分人熟知，著名。

首先来说没有名气的企业。这类企业在日常生活中比较常见，比如刚刚注册成立一两年的企业。这样的企业往往受到资金和人力的限制，一般不可能在短时间内被众人熟知，还需要时间的磨砺。针对这样的企业，我们的营销重点应该放在扩大品牌知名度和吸引意向客户上。

其次是名不见经传的企业。这类企业一般成立了五六年，但由于地域、行业、资金、人力等多种原因，并未对企业进行大力宣传，只是有一些固定的客户群，可以支撑营收、保持温饱。这样的企业由于服务与产品质量过硬，一般客户体验过就会形成二次购买。因此，营销重点应该放在扩大知名度上。

再次是被圈内一小部分人熟知的企业。这类企业一般成立至少十年以上，且信誉良好，拥有固定且基数庞大的客户群，并且，在某一个地区或者行业内有口皆碑，偶尔也会做营销，但不经常做。这样的企业一般已经拥有一些口碑，因此营销重点应该放在调动原有客户群、扩大知名度和吸引更多意向客户上。

最后是著名的企业。这类企业一般财力人力都很雄厚，经常出现在各种媒体广告栏内，并且品牌被几乎所有人熟知，你能够经常看到身边的人使用他们的产品。这样的企业一般不愁客户，也不愁营收，因此营销重点应该放在提升品牌形象上。

要素二：看产品定位

企业的产品定位也是产品受众的定位。用通俗点的话来讲就是你的产品到底想卖给谁。卖给婴幼儿？中小学生？大学生？白领？老年人？女性？男性？一般情况下，产品定位按照年龄段划分为以下 7 大层次。

0 ～ 5 岁（婴幼儿）：对这类人群而言，最重要的就是安全，因此在营销当中塑造的形象应该是无毒无害、辅助成长、安全健康、阳光。这部分人还不具备购买力，能为这些人购买产品的人，大部分是 30 ～ 40 岁的人，因此营销战略的重点应该放在诸如微博、微信等社交平台上。

6 ～ 17 岁（中小学生）：这类人群想要形成购买，一般都需要经过家长的同意。因此在营销当中应该塑造的形象是智力启蒙、特长塑造、学习成长帮手等权威、健康、阳光的关键词。同时，为了获得孩子的好感，也应该带一些酷炫、时尚。因此营销战略的重点应该放在微博、微信等社交平台和电视、门户网站、游戏上。不仅要让孩子对产品感兴趣，更要让家长对产品放心。要让产品的使用者（孩子）与产品的购买者（家长）都喜欢与安心。

18 ～ 22 岁（大学生）：这类人群一般都喜欢酷炫、时尚、刺激的东西，并且拥有可自由支配的零花钱，因此在营销当中塑造的形象应该是炫酷、前卫、潮流、新颖、醒目。这样，大学生们才能够对产品产生兴趣。因此营销战略的重点应该放在 QQ、微博、热门游戏、论坛等这些当下大学生感兴趣的平台上。

23 ～ 30 岁（年轻人）：这类人群一般初入职场，有钱但也要考虑现实生活。而且，他们初入职场有诸多困惑和不如意。因此，我们塑造的品牌形象应该是舒缓、浪漫、时尚、阳光，能够让这类人群得到心灵上的释放。所以营销战略的重点应该放在门户网站、微信、微博以及行业网站、学习网站等这些年轻人上班间歇时会去浏览的地方。

31 ～ 40 岁（青年人）：这类人一般具有较强的购买力，而且无论什么时候，只要感觉有需求或者想要购买，就会去购买。你的品牌形象应该是沉稳、大气、庄重、可靠，多去营造未来生活的美好景象。你不确定这类人群到底什么时候有时间浏览广告形成购买，因此想要抓住这类人群，就要全方位布局。户外广告、电视广告、微博、微信、网站、论坛都可以。总之，广告投放一定要醒目。

41～50岁（中年人）：这类人群拥有购买力，但却不愿意为了自己再掏钱买什么东西，更多的是考虑家人。因此，企业的品牌形象就一定要温馨、温暖、和睦、祥和。他们一般没什么时间闲下来，因此电视和移动端、门户网站就成为营销战略的重点阵地了。

50岁以上（老年人）：这类人群关注的重点就是健康，因此品牌形象应该是阳光、养生。营销战略的重点应该放在线下的社区内以及报纸、电视上。

当然，产品定位除了按照年龄，还可以按照性别、购买主体、受众习惯等来进行划分。在这里仅针对年龄这个较为常见的维度进行详细讲解。

要素三：看运营预算

运营预算在企业的营销当中至关重要，甚至关系到企业最终的营销效果。对此，可能有些企业家会说："我广告投放得越多，花的钱越多，效果就越好。"事实上不然，下面就来为你详细讲解如何合理使用预算，调整营销策略，将营销效果最大化。

当运营预算小于1万元时，钱就要花在刀刃上，此时我们需要首先在论坛、贴吧、博客、微博、微信等新媒体平台上注册账号，并且发布一些专业的信息，争取各大搜索引擎的收录，做足免费曝光。这样，才能够使各种社交平台上的客户在第一时间浏览到企业信息。

当平台阅读者积累到一定基数后，我们的营销预算就派上用场了。可以在诸如微信等热门社交平台上发起一些活动，利用小奖品的形式吸引更多的阅读者关注，争取更大曝光度。

当运营预算在5万元左右时，我们需要筛选意向客户，在垂直平台上进行广告投放。比如卖化妆品，就要首先占领美妆类社区、博客和网站的广告位。浏览这些地方的人群都有购买需求，因此在这些地方投放广告会在无形之中提升购买率。切记，运营预算在5万元左右时，找到垂直领域平台是重中之重。当然，考虑到预算问题，垂直领域平台应该小众化，让圈内人熟知形成口碑，自行传播就足够。

当运营预算高于10万元时，我们除了要找到垂直平台，还应该在热门社交平台的广告位上入手，争取最大限度的曝光，全方位提升企业形象。当然，保持热门社交平台账号的活跃度与阅读者基数也尤为重要。总之，当运营费用高于 10 万元时就要将所有新媒体平台调动起来，全方位提升企业形象，争取让普通阅读者一上网就能够看到我们，增加消费者对企业品牌的印象，进而形成购买。

1.1.2   三张图表助你熟用三要素法做好企业评估

下面将三要素法整理成表格，帮助你轻松理解，做好企业评估，初步确认企业营销战略。

表 1-1   通过企业知名度确认营销重点

企业现状	营销重点
没有名气的企业	扩大品牌知名度，吸引意向客户
名不见经传的企业	扩大知名度
被圈内一小部分人熟知的企业	调动原有客户群，扩大知名度，吸引更多意向客户
著名的企业	提升品牌形象

表 1-2   通过企业产品定位确认品牌形象及进驻平台

产品定位 （按年龄划分）	塑造形象	进驻平台
0 ~ 5 岁	无毒无害、辅助成长、安全健康、阳光	微博、微信等社交平台
6 ~ 17 岁	权威、健康、阳光、成长	线下游乐场、微博、微信等社交平台和电视、门户网站、游戏
18 ~ 22 岁	炫酷、前卫、潮流、新颖、醒目	QQ、微博、热门游戏、论坛
23 ~ 30 岁	舒缓、浪漫、时尚、阳光	门户网站、微信、微博，以及行业网站、学习网站

续表

产品定位 （按年龄划分）	塑造形象	进驻平台
31～40岁	沉稳、大气、庄重、可靠，憧憬未来生活，体现生活美好	户外广告、电视广告、微博、微信、网站、论坛，全方位布局
41～50岁	温馨、温暖、和睦、祥和	电视和移动端、门户网站
50岁以上	阳光、养生、绿色、健康	线下的社区内及报纸、电视

表1-3　通过运营预算确认营销策略

企业预算	营销策略
小于1万元时	做足免费曝光（微博、微信、论坛、贴吧、博客等）＋在热门社交平台上发起活动
在5万元左右时	找到垂直领域平台进行营销
高于10万元时	垂直平台＋保持热门社交平台账号活跃度＋传统广告位

那么，到底该怎样在实际工作中运用上述三要素法呢？下面就让我们通过一个案例，进行详细分析。

1.1.3　以儿童服饰企业为例剖析三要素法的应用

刘经理刚刚成立了一家儿童服饰企业，还没来得及做新媒体推广。现在有一批新款童装上市，急需进行新媒体推广，但营销预算有限。于是，他找到了A广告企业。如果你是A企业的策划，你该如何为这家儿童服饰企业进行现状评估，初步拟定营销策略和进驻平台呢？

从上面的背景案例当中我们不难找到这样几个要素。

1. 企业刚刚成立。

2. 产品是儿童服饰。

3. 受众是 6 ~ 17 岁的群体。

4. 从未进行过新媒体推广。

5. 预算有限。

此时，我们可以根据三要素法为企业做好现状评估，初步拟定营销战略。

企业刚刚成立：意味着没有名气，产品也不被人熟知。营销重点应该以"扩大品牌知名度，吸引意向客户为主"。

产品是儿童服饰：意味着受众年龄段在 6 ~ 17 岁。品牌形象应该偏向健康、阳光、成长。由于这类人群没有购买力，一般都由家长为其购买，所以进驻平台应该考虑到孩子家长的上网习惯，那营销重点就以微博、微信等社交平台和电视、门户网站为主。

营销预算有限：营销战略应该以做足免费曝光（微博、微信、论坛、贴吧、博客等）为主，当阅读者积累到一定数量后，再在热门社交平台的大号内进行活动营销。

综合考虑这家儿童服饰初步的营销战略如下。

营销重点：扩大品牌知名度，吸引意向客户。

进驻平台：微博、博客、微信、论坛、B2B 分类网站。

营销战略：在进驻平台上注册账号，并保持信息更新频次和活跃度；当阅读者达到一定基数后，在微博、微信的账号内发起线上活动，扩大影响力。

Tips：当你为企业进行新媒体营销战略操盘时，仅需调查清楚企业的知名度、产品定位、运营预算这三大要素，再到本节总结的三要素法图表当中逐一对照，就可以轻松拟定初步的营销战略。当然，影响营销战略的要素还有很多，比如企业所属行业、产品的性别定位、企业文化和客户群体等。这就需要我们在实际工作中有针对性地调查评估，从而完善新媒体营销战略。

1.2 确认营销目标的关键词提炼法

在准备进行新媒体营销之前，除了要初步拟定营销战略、确认营销重点以外，还要确认营销目标。

营销的最终目标一定是被人熟知并且拥有一定客户群体。但是不积跬步，无以至千里，在达成最终目标之前，你知道该如何分解营销目标并一步步去实现吗？本节就为你揭开这一问题的答案，帮助你利用关键词提炼法根据企业现状确认营销目标，一步步取得成功。

1.2.1 关键词提炼法是什么

关键词可以从企业棘手问题、企业文化、受众特征、阅读者热点、企业竞争力等几大方向进行提炼。下面，我们以王经理的婴儿食品企业为例，为你详细地讲解确定营销目标的关键词提炼法。

情景应用：

王经理经营一家婴儿食品企业已有五年，前期销售情况良好，现在有一批新型气泡婴儿果泥上市，急需新媒体推广。如果你是该企业的策划经理，你该如何确定营销目标呢？

从上面的背景案例当中，你能得到的有价值的信息如下。

1. 婴儿食品企业。
2. 前期销售情况良好。
3. 新型婴儿气泡果泥。
4. 急需新媒体推广。
5. 企业运行五年。

根据以上信息，可以提炼出的关键词：婴儿、食品、气泡果泥、新型、新媒体推广。

根据行业特征，可以提炼出关于品牌画像的关键词：健康、成长、绿色。

根据"急需新媒体推广"这个情况，可以提炼出的关键词：客户、销量、推新品等。

得出这些关键词只是第一步，接下来要做的是减法。减去一些行业竞品企业通常会使用到但不具备竞争力的关键词，剩下的才是企业最终的营销目标。值得注意的是，减法这个步骤，不包括企业需求类关键词。因此，我们需要减去的关键词有婴儿、食品、新型、新媒体推广、健康、成长、绿色。

所以关键词就剩下：气泡果泥。

加上企业的需求关键词：客户、销量、推新品。

此时，王经理企业的营销目标：推广这种新型的气泡果泥，增加知名度，提升销量。

此外，我们还要根据企业的发展时期，加上一些关键词。在这里，笔者总结了企业发展时期与推广进度关键词对照表，来帮助你重新修正企业的营销目标。

表1-4　企业发展时期与推广进度关键词对照表

企业发展阶段	企业建立初期（企业建立五年以内）	企业成长期（企业成立五年以上，且有一定客户群）	企业成熟期（企业具备知名度与庞大客户群）
推广任务	吸引客户，争取最大曝光	扩大知名度，调动原有客户，吸引更多客户	塑造品牌形象，持续口碑传播
推广任务关键词	客户、曝光	知名度、调动老客户、吸引客户	品牌形象、口碑传播

根据上表，王经理的销售目标应该调整如下：推广这种新型的气泡果泥，调动原有客户群，增加知名度，提升销量。

1.2.2　关键词提炼法的脉络梳理

通过前面的情景再现，你是否对确认营销目标的关键词提炼法有了初步了解?

下面为你列出关键词提炼法的大致思路，帮助你快速理解，并熟练应用于工作当中。

这里为关键词提炼法划分了几个时期。

情况摸索期：总结、提炼有价值信息（经营时间、新品、企业优势、企业文化、需求等）。

关键词提炼期：从提炼的信息当中找到关键词，并列出需求关键词、行业关键词、品牌画像关键词。

关键词减法期：减去全行业及竞品会使用到的关键词，剩下的就是企业的营销目标关键词。（这里的减法，不包括企业需求关键词。）

发展进度对照期：根据企业发展时期与推广进度关键词对照表，修正营销目标，确定现阶段营销目标。

简而言之，使用关键词提炼法确定的营销目标即首先列出企业的所有相关关键词，再剔除行业通用的关键词与竞品使用过的关键词，剩下的一两个关键词就是企业当下所需要着力推广的目标了！与此同时，再根据本节提供的企业发展时期与推广进度关键词对照表来修正营销目标，就得出了企业当下的营销目标。

1.2.3 以李经理的门业企业为例熟用关键词提炼法

李经理经营着一家拥有十年历史的门业企业，虽然产品在 A 市区一直以质量可靠、美观大气而闻名，可由于多种原因一直不被其他地区人所熟知。现生产了一批新型人脸识别防盗门，想要在全国推广，那么作为策划经理的你该如何确定企业现阶段的营销目标呢？

从上面的背景案例当中，我们不难得出如下信息。

1. 一家拥有十年历史的门业企业。

2. 在 A 市区一直以质量可靠、美观大气而闻名。

3. 现生产了一批新型人脸识别防盗门想要在全国推广。

它的关键词：十年、质量可靠、美观、大气、人脸识别、防盗门、新型。

需求关键词：新品、推广、全国。

减掉关键词：质量可靠、美观、大气、防盗门。

李经理的门业企业现阶段的销售目标：在全国范围内，主推新型人脸识别防盗门，并宣传企业十年历史，使品牌形象深入人心。

当然，由于李经理的企业处于成长期（企业成立五年以上，且有一定的客户群体），根据企业发展时期与推广进度关键词对照表，在宣传推广的过程中，还应该加上维系老客户、调动老客户形成口碑的目标。

因此，李经理的门业企业现阶段的整体目标：在全国范围内主推新型人脸识别防盗门，并宣传企业十年历史，形成口碑传播，调动老客户，吸纳新客户，树立品牌形象。

Tips：确立营销目标并不是一次成型的，需要与企业的现实发展、产品竞争力等多种因素结合，通过长期调研与洞察才能得出。本节的关键词提炼法只是教给你快速认清企业现状、确定营销目标的方法，进而帮助你找到企业最具竞争力的部分，形成营销目标。切记，在做关键词提炼法时减法部分一定要做到位，只有将所有竞品企业使用过的关键词剔除干净，才能找到企业的核心竞争点。

1.3　熟络运营模式的找同法

拟定营销战略、确认营销重点、确定营销目标以后，我们还需要对每个要进驻的平台进行熟悉，找到适合企业自身具有针对性的营销方法。对此，可能会有人问"新媒体都是刚刚流行起来的，大家对新媒体运营都不太了解，该如何去熟络运营模式呢？"本节就来教你快速在新媒体平台上熟络运营模式的方法——找同法。

1.3.1　找同法是什么

顾名思义，找同法就是找到与自己企业相同或者类似的企业，看看这些企业在即将进驻的新媒体平台上是怎样进行营销的，进而总结、归纳共同点，根据自己企业的特点形成专属的营销方法。在这里，"找同"分为以下几种方式。

1．找行业与服务相似的企业。

在入驻新媒体平台之前，找到与本企业所属行业与服务项目都较为相似的企业，进而查阅他们的文章内容、既往活动等，将有借鉴价值的部分拿来为我所用。这样，当你真正开始入驻并运营时就会轻松很多。当然，这种情况一般发生在已经成型的行业当中，像车床、机电这种小众企业一般并无先例。

2．找品牌画像相似的企业。

如果在新媒体平台上没有找到与本企业所属行业与服务项目都较为相似的企业，也可以找一些品牌画像（品牌形象）与本企业相似的企业，看看它们都是怎样在新媒体平台上运维的，进而摸索到适合于自己的运营方法。

3．找入驻平台相同的企业。

新媒体是新兴的媒体形式，因此很多企业在大多数情况下会遇到没有先例的情况。此时，我们要做的就是找到平台内比较知名的大 V 进行摸索与学习。可能有人会问"如果我进驻的平台是刚刚兴起的，连大 V 都没有该怎么办？"其实根本不用担心这个问题，因为无论是哪个平台在兴起的最早期都会率先邀请一些业界大咖进驻来吸纳种子客户。因此，等到我们的企业来进驻时，往往都已经成型，学习与借鉴的标杆一定会有。

1.3.2　找同法都"找"什么

知道了在不同情况下找哪些企业作为学习对象是第一步，接下来我们还要了解找同法都要找什么。在这里，我们总结了一个找同法的信息查阅对应表格，供大家参考使用。

表 1-5 找同法信息查阅对应表

需查阅内容	可借鉴的地方
阅读既往文章	借鉴本行业可发布的内容方向、可发起的活动，以及企业的大致情况
阅读自定义菜单	借鉴菜单大致排布思路
阅读文章内容及标题	可查阅行业吸睛热点、大致撰写思路、排版样式

1.3.3 以张经理的小面企业为例解析找同法的应用

张经理经营一家小面企业已经十年了，现有一组夏季凉面套餐系列即将开售。以前一直在电视台打广告和在商业街区路演宣传，现在他渴望在微信这个新媒体平台上打开市场渠道，将这款凉面推广出去。如果你是张经理，请问你该如何熟络新媒体运营模式，为企业打开新媒体市场呢？

根据上面所给出的背景案例：渴望在微信这个新媒体平台上打开市场渠道，我们首先要做的是打开微信，查阅是否有同行已经运营了微信账号，如图 1.1 所示。

根据图 1.1 显示，当我们在微信内搜索"小面"时会发现下方推荐了诸多小面企业的官方微信账号，张经理企业做新媒体推广所面临的情况是有本行业的企业。因此，我们只需要找到与本企业所属行业与服务项目都较为相似的企业，去学习即可。

接下来，我们要做的是，点击并且关注所推荐的所有关于小面的微信账号，查阅历史图文，观察自定义菜单，初步总结并拟定出自己的新媒体推广方案。

图 1.1 在微信内搜索同行

到这里，可能有些人会问：到底怎样的微信账号是可以借鉴的？请看图 1.2 和图 1.3，图中显示的是一家名叫"有它小面"的公众账号，它的阅读量在 1 000 以上，且互动留言情况非常好，自定义菜单设置得也很完善与美观。这样的微信账号就是我们需要学习与借鉴的对象之一。

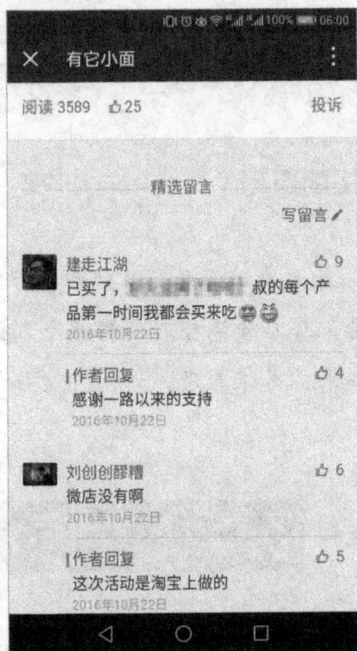

图 1.2 "有它小面"阅读量与互动量展示

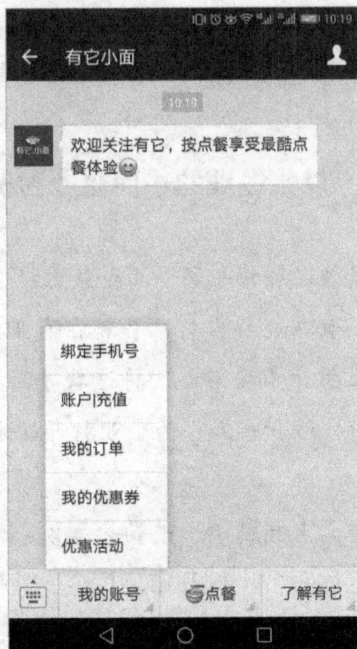

图 1.3 "有它小面"自定义菜单展示

Tips：利用找同法熟络运营模式，简而言之，就是在新媒体平台内尽可能找到和本企业相似的企业，通过观察历史图文、自定义菜单以及账号矩阵，汇总与梳理出属于自己的运营模式。切记，一定要多观察几个同类企业之后，再制定本企业的新媒体推广方案，切不可一叶障目。

1.4　了解痛点的榜样追逐法

在入驻新媒体平台之前，通过找同法找到同类企业并进行学习，熟络运营模式，这只是新媒体运营的第一步。接下来要做的就是了解客户痛点，进而通过刺激阅读者的痛点来为本企业新媒体账号吸纳阅读者、扩大影响力。那么，我们该如何找到阅读者的痛点呢？在这里，笔者总结了一套方法——榜样追逐法，为大家解决这个问题。

1.4.1　榜样追逐法是什么

榜样追逐法在实际工作中可以分为 2 种：正向追逐和反向追逐。

正向追逐：正向追逐就是首先完全了解行业，找到你渴望学习的行业标杆企业。然后到网上搜索这些标杆企业，找到其在微博、微信、今日头条、博客、论坛、B2B 平台等全网络平台上的官方账号及广告投放。学习标杆企业在全网络平台上的营销重点，这个重点就是这个行业受众的痛点。

反向追逐：当你发现本行业完全没有什么标杆企业时，就可以选择反向追逐，即在微博、微信、今日头条、博客、论坛、B2B 平台等全网络平台上找到同行，查阅其宣传重点及留言、互动信息，从而总结、归纳出受众的痛点。

1.4.2　以李经理的饮料企业为例解析正向追逐法的应用

李经理刚刚成立了一家名为 N 的饮料企业，现在想在互联网打开市场销路。虽然已经拟定了宣传渠道，但是企业的主打卖点却迟迟定不下来，因此宣传工作一拖再拖。如果你是李经理，你应该怎样了解客户痛点，确定主打卖点呢？

众所周知，饮料行业已经存在一些非常知名的企业，例如，可口可乐、百事可乐、七喜等，我们需要做的就是找到这些品牌在互联网上的官方账号、全媒体广告及文案内容，看他们都在宣传什么，就可以初步了解客户痛点，如图 1.4、图 1.5 和图 1.6 所示。

根据图 1.4、图 1.5 和图 1.6 我们不难看出，饮料宣传主打概念、情怀、味道、原材料、口感。这些行业领袖都在宣传，证明了阅读者在购买时是需要考虑到年龄层、原材料添加对身心健康的作用等痛点的，那么我们作为行业的中小企业也需要多多学习，在宣传当中突出迎合年轻人、原材料健康有益等。

以此类推，当我们看完行业领袖的全媒体文案并且汇总以后，便会发现这个行业的阅读者痛点。

图 1.4　可口可乐广告展示

图 1.5　百事可乐广告展示

图 1.6　七喜广告展示

1.4.3　以安经理的健身中心为例解析反向追逐法的应用

安经理成立了一家健身中心，渴望打开互联网市场。刚刚涉足行业，因此他

17

对很多事情都不太熟悉，在宣传时针对主打卖点总是犹豫不决，感觉并没有全面了解阅读者的痛点。如果你是安经理，请问你该如何查找阅读者痛点呢？

如果你仔细留意就会发现，健身行业并没有太多知名的企业，这是典型的本行业没有多少标杆企业的情况。因此我们可以利用反向追逐法来查找阅读者痛点，如图1.7、图1.8和图1.9所示。

开始团了三节课的，教练说一节体测，一节基本体能训练，一节格斗体验，体测和基本体能合到一节课，我是可以理解的。可是大概半个小时就完事了，问要不要把第三节格斗也一起上了，格斗15分钟左右。那这个和一节体验课有什么区别。

图 1.7　某 B2C 平台针对某健身中心的评论

这家健身房，配套设施不好，健完身有时连洗澡都洗不了。

图 1.8　某消费者针对健身中心的留言

说了半天非得让我买课，不买都不行。我想干什么就干什么，还没人身自由了，幸亏办的月卡，平生最烦强制卖东西，非得强制我干点什么。够呛

图 1.9　某消费者针对某健身中心的体验感言

图1.7、图1.8和图1.9是从 B2C 平台评论区与论坛上截屏下来的阅读者消费留言。从图中我们不难看出，消费者拥有如下需求：1.如果是套课，渴望将课时延长；2.健身中心设施完备，可以洗澡；3.不要在健身的时候进行推销。因此，安经理在推广健身中心时就应该突出课时适中、设施完备、绝不恶意推销等，吸引阅读者前来健身体验。

Tips：利用榜样追逐法来了解痛点并不是说只要查阅了标杆企业的广告、看了 B2C 平台上的阅读者留言就可以了，而是要放眼全媒体以及线下实体广告，全方位综合搜集、整理，然后总结出阅读者最关心的痛点，作为本企业的营销主打卖点。

1.5 为新媒体账号定位的筛选法

在注册好新媒体账号以后，首先要做的就是对新媒体账号进行定位。可能有些人对此会比较困惑，到底我该怎么定位？是定位在年轻人，还是中老年人？是定位在诙谐幽默，还是专业严谨？本节就教给你一个为新媒体账号进行定位的方法——筛选法。

1.5.1 筛选法是什么

事实上，筛选法就是在新媒体平台内找到同类企业，并通过筛选的方式为新媒体账号进行定位。在这里，我们把筛选法分为 4 类：优势筛选、差异筛选、劣势筛选、互补筛选。

优势筛选：顾名思义，就是通过海量寻找新媒体账号，从而归纳、总结并将其作为企业自身的优势进行推广。

差异筛选：在广泛纵览新媒体账号后，找到本企业与其他企业的差异化优势。而这个差异化优势，就是企业新媒体账号的定位。例如，食品行业一般都宣传食材、菜品新的优势，而我们企业的优势却是智能餐厅。这个智能餐厅，就是企业账号的定位。

劣势筛选：劣势筛选需要我们广泛阅读新媒体账号，从而找出行业的通病，这个通病就是企业在推广过程中需要主打的方向。例如，我们在浏览健身行业新媒体账号时发现，这个行业都在宣传器材、场地、教练，但是学员担心的却是课时长度、舒适度,因此在日后的推广中应该主打课时、舒适度等这些方面。

互补筛选:这个筛选方法比较简单,就是在广泛阅读新媒体账号后,找到这个行业的空白,而这个空白就是企业在日后的推广过程中要主打的方向。例如,冷饮品牌一般都在主打口味、口感,那么我们就可以在绿色冷饮、健康冷饮、智能冷饮上面做文章。

1.5.2 以由经理的皮带企业为例详解筛选法的应用

由经理的皮带企业最近新出产了一批智能皮带,急需在市场上进行推广。但是由于对新媒体方面一无所知,由经理不知道该如何确认主推方向并为自己的官方账号定位。如果你是由经理,该如何确认主推方向并为新媒体账号定位呢?

首先,需要搜索皮带企业的大 V,如图 1.10 所示。

图 1.10　与皮带相关的大 V

根据图 1.10 显示，与皮带相关的大 V 并不少。但是，关于智能皮带的大 V 却很罕见。因此，根据差异筛选法，我们可以在日后主推智能皮带。

通过仔细浏览不难发现，很多皮带企业大 V 都在宣传匠心、价格、品牌、保真。根据优势筛选法，我们也可以在日后宣传这些方向以丰富内容。

> Tips：利用筛选法为新媒体账号进行定位并不需要死板地套用。为了使账号内容丰富，我们需要在实际的操作中运用 2 种或者 2 种以上的筛选法来确定账号定位。切记，在使用筛选法时一定要广泛阅读与查找同类账号再进行决策。只有这样，才能确保你的账号更具吸引力。

1.6　确认发布方向的优势对比法

确认好新媒体账号的定位以后，还需要确认官微内容的发布方向。可能有些人对此会感觉非常棘手，方向选择窄了阅读者不认可，方向选择广了自己的人手又不够，无法给出最新的信息。本节将教给你一个快速确认发布方向的方法——优势对比法。

1.6.1　优势对比法是什么

顾名思义，优势对比法就是找到行业或主营产品相同的大 V，然后查阅他们所发布的消息，从而找到优势，进而把这个优势确定为发布方向，也可以与这个优势产生互补，将企业特色作为主推方向。这样，既能抓住阅读者的眼球，又能突出企业自身优势。

1.6.2　利用十字图表理解优势对比法

这里笔者总结了优势对比法参考表格，帮助你理解优势对比法，如图 1.11 所示。

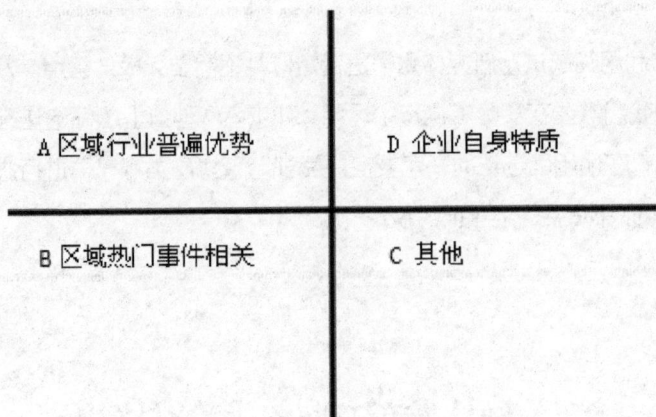

A 区域行业普遍优势　　　　　D 企业自身特质

B 区域热门事件相关　　　　　C 其他

图 1.11　优势对比法参考表格

简而言之，优势对比法就是首先找到 A 区域的内容来吸睛，然后再挖掘自身优势，利用 D 区域的内容来提高品牌辨识度，并利用 B 区域和 C 区域的内容进行扩充。这样你的官微内容就不会过于小众，也不会造成千篇一律的局面。

1.6.3　以张经理的房产企业为例解析优势对比法

张经理的房产企业最近有一批新房即将开售，他想要打开互联网市场，渴望进驻双微平台。如果你作为该企业的策划经理，该如何确认官微的发布方向，进而吸引更多的人关注？

根据背景案例显示，张经理需要出售一批新房，并且渴望进驻到双微平台。因此，首先要做的是去这些平台上搜索房产相关大号。看一看这些大号们都在发布什么样的内容，如图 1.12 所示。

当我们广泛搜集房地产大号以后不难发现，一般情况下房产大号都会发布如下类型文章：民生相关、新政、家庭伦理、幽默搞笑、楼盘动态、心理预测等。因此，我们在日后的图文发布时可以穿插这些内容，再加上一些热门事件、楼盘特色就可以了。

Tips：优势对比法，需要广泛搜集相关信息，然后综合汇总出普遍发布的文章类型。只有这样，才能够使你的账号得到更多人的关注。当然，如果你能够将企业自身的优势作为文章内容来发布，那么恭喜你：你的官微已经拥有了辨识度。

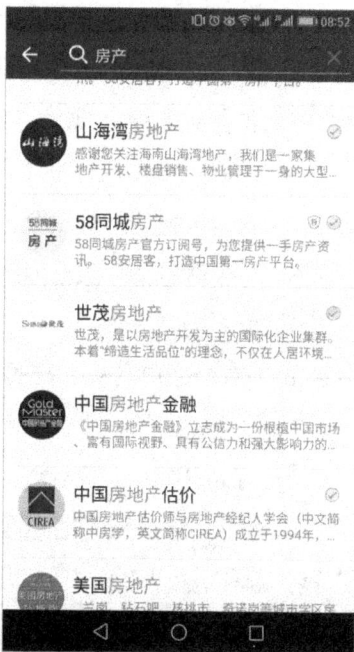

图 1.12　搜索房产相关大号

1.7　素材搜集必备的 21 个万能要素

在进行网络推广之前，很多人都会遇到平台今天索要营业执照、明天索要身份证照片、后天还得签字盖章的情况。你作为企业老总也会感觉非常棘手，到底要资料要到什么时候才能结束？作为运营人员也会感觉尴尬，每个平台需要的证件都不一样，每次注册都得要一遍资料。本节就教你素材搜集必备的 21 个万能要素，帮助你快速解决资料对接上的烦琐。

1.7.1　21 个万能要素都是什么

1. 法人身份证、运营人员身份证（彩色照片，正反面）。
2. 营业执照正本（彩色照片，清晰）。

3. 营业执照副本（彩色照片，清晰）。

4. 组织机构代码证（照片，清晰）。

5. 税务登记证（照片，清晰）。

6. 运营人员授权证书（需注册账号时在后台下载、签字、盖公章）。

7. 登录/绑定用邮箱及密码。

8. 账号昵称（中文、英文各一个）。

9. 联系电话。

10. 对公账户名称、账号。

11. 其他额外证明（食品及物业管理等特殊行业还需提供其他行业证明）。

12. 扫码确认（需运营人员绑定银行卡后，用微信扫码确认）。

以上仅为注册账号时所需的最基本的资料，为了便于运营人员日后填充账号内容，顺利进行营销推广，我们还需要为其定期提供如下资料。

13. 企业前台/门脸照片。

14. 企业办公室照片（证明企业存在，员工众多）。

15. 产品相关资料（照片＋报价＋各款产品简介）。

16. 企业发展历程。

17. 企业管理团队相关资料（个人简介＋照片＋所获荣誉）。

18. 企业团建照片。

19. 企业既往成交案例（视频＋照片＋背景介绍）。

20. 新品照片（需每月提交一次）。

21. 近期主推产品（需每月提交一次）。

1.7.2　对接21个要素的意义

可能有些人会感觉非常麻烦，为什么还要对接这么多资料呢？没错，看起来的确非常麻烦。21个资料，没办法一下全部凑齐。但是我们知道推广与运营是一个长期的战略。如果你想让新媒体账号内容变得丰富，更加吸睛，那么这个前期工作是非常有必要做的。前期工作做得好，日后的推广对接工作就非常简单了。

同时，对接这 21 个要素，也是培养运营人员的过程。只有运营人员对企业与产品非常熟悉，他们才能够策划出与企业营销节点一致又富有创意的营销活动与文案。

Tips：搜集素材是企业进行营销推广之前的必经道路。千万不要认为 21 个要素麻烦，与日后反复告知运营人员企业文化、产品特征、价格、销售节点相比，对接 21 个要素就是培养运营人员了解企业，成为企业内部员工的过程。这个工作做得好，便于日后推广与营销。

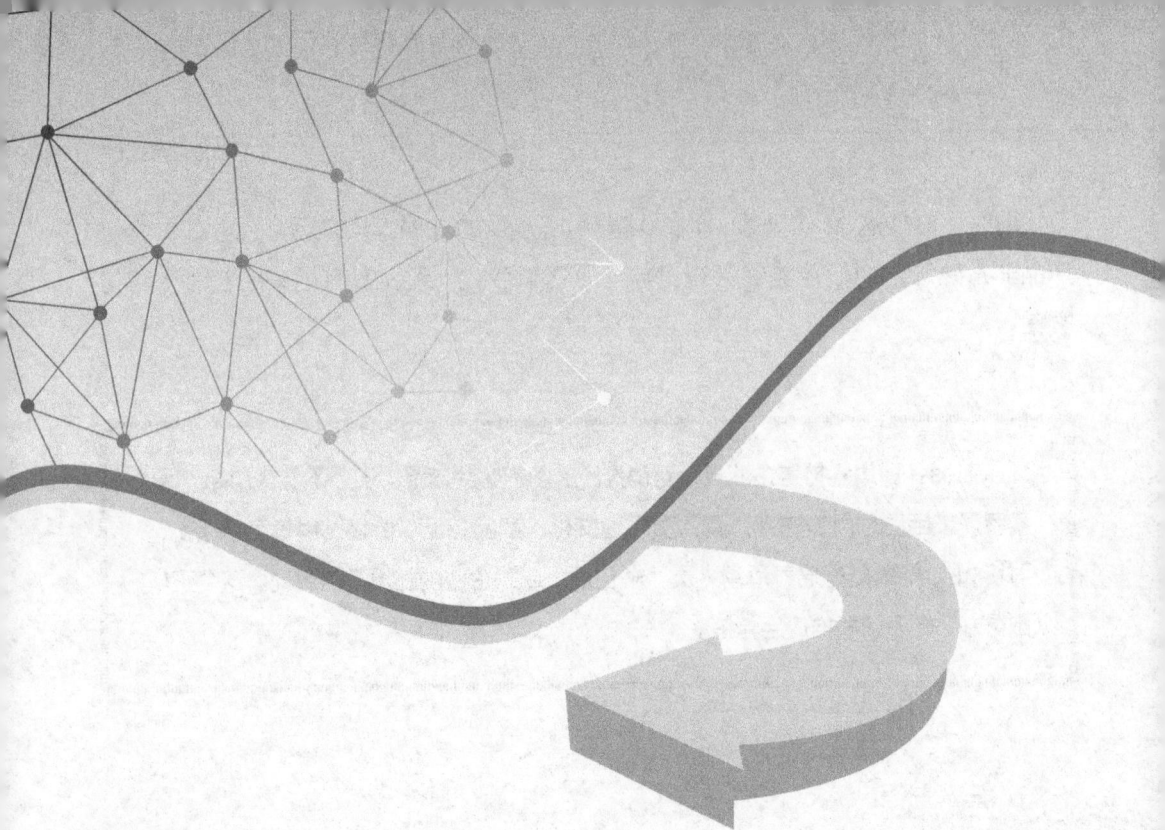

第 2 章
新媒体取名的方法

　　很多企业在注册新媒体账号以后都不知道该取一个什么样的名字。与企业名称一致，会显得非常冗长，不符合新媒体取名标准；取个好听的昵称，又感觉不太正式，怕阅读者不知道这是企业的官微。往往取名字得开上一整天的会，最后可能还是感觉名字不太理想。本章将教你新媒体账号的取名方法，帮助你快速取到中意的名字。

2.1 品牌本位法

如果仔细浏览新媒体账号会发现,很多账号的名字都是品牌/企业名字的简称。本节就来详细探讨利用品牌本位法为官方账号取名的利弊,以及该如何利用品牌本位法进行取名。

2.1.1 品牌本位法取名的优势

增加品牌印象:利用品牌本位法取名,就是将品牌名称/企业昵称简单明了地告诉阅读者。一旦阅读者对你的官微感兴趣,就会反复查阅,相当于反复查看你的品牌名称,这样阅读者便会潜移默化地记住你的品牌。

扩大品牌知名度:当企业官微发布消息以后,阅读者就会第一时间看到品牌名称/企业昵称。当他们感觉文章有意思进而转发时,就会引导更多的人关注品牌。品牌在无形之中提高了曝光度,进而扩大了知名度。

树立企业权威感:利用品牌名称/企业昵称作为新媒体账号的名称,在无形之中会给人一种严肃感。毕竟,只有品牌信誉度好的时候,才会反复宣传品牌。因此,这可以增加阅读者对品牌的信任度,树立品牌的权威性。

2.1.2 如何利用品牌本位法取名

品牌本位法取名分为 2 种:品牌名称取名法、企业昵称取名法。

品牌名称取名法:非常简单,就是将品牌名称作为官微账号的昵称。例如,你的品牌叫作康康,那么官微名字就叫康康。

企业昵称取名法:这个就很有讲究了。首先要确定好,你到底想要让大家记住企业名称里的哪些字,其次还要保留企业本身的行业特性与地域特性,最后还要好听。例如,企业名字叫辽宁健康通达股份有限企业,那么官微昵称便可以叫作辽宁健康通达、辽健通、辽宁健通、健康通达、通达股份、辽宁通达股份、辽宁健康通达股份。

2.1.3 案例：以方经理的教育企业为例解析品牌本位法取名

方经理在上海经营着一家名为"唯爱宝贝"的学前教育企业，现在想要进驻新媒体平台，却不知道官微名字应该如何取。如果你是方经理，该如何取名呢？

根据上方背景案例提示：方经理在上海经营一家名为唯爱宝贝的学前教育企业，按照品牌名称取名法可以叫作唯爱宝贝、唯爱宝贝教育，按照企业昵称取名法可以叫作唯爱教育、爱宝贝、上海唯爱宝贝教育、上海唯爱宝贝等。

> Tips：品牌本位法取名比较简单，它的目的就是要让阅读者记住你的品牌和企业名称，进而扩大影响力。因此，可以根据企业现有品牌/企业名称进行取名。只要取的名字能够让大家了解企业性质、所属行业以及服务项目就可以了。没有必要取那些与品牌/企业毫不相关的名字。

2.2 行业本位法

在生活中，有很多企业家立志要做行业翘楚，渴望将全行业的信息搜罗起来以树立企业的权威性。因此，我们在新媒体中不难发现以教育盒子、吃喝玩乐全搜罗、机械专家等为昵称的账号。为什么会出现这样的昵称呢？本节将教给你如何利用行业本位法为新媒体取名。

2.2.1 行业本位法取名的优势

树立权威性：利用行业本位法取名就是在告诉大家"我就是这个行业的专家"。因此，一般在昵称上要给人以权威感，让人只要看账号就能够全面了解这个行业。

加速认知：与其他昵称相比，行业本位法能够让阅读者一看就知道账号在讲述什么。这样在无形之中加速了阅读者认知，能够将热爱该行业、渴望了解该行业的人聚集起来，进而筛选意向客户。

垄断作用：在一般情况下，这样的账号都以广泛搜集行业信息为主。因此，如果你展示的信息足够广泛，足够新颖，那么便会在潜移默化中形成垄断效应，让阅读者情不自禁地被你的账号所吸引，进而保持持续关注。

2.2.2 如何利用行业本位法取名

行业本位法取名首先要突出行业，其次要表明行业是做什么的，然后展示出权威性，再加上地域，就形成了官微名字。

例如，你想要做一个探索沈阳美食的大号，你的行业就是美食；你要做的事是探索；权威性是试吃的地方多、试吃的品类全；地域是沈阳。

那么你的官微名字就可以设置：美食全搜罗、吃遍大沈阳、沈城美食密探等。

可能有些人还是很困惑，认为上面的文字还是无法理解。没关系，笔者总结了一个利用行业本位法取名的公式，供大家在日后的工作当中套用：行业＋功能＋权威性＋地域。

Tips：如果觉得名字冗长，可以将功能与权威性适当隐去。这样，你的官微名字就会被很好地控制在 5 个字左右了，便于日后在新媒体平台当中使用与传递，不会出现名字太长而无法显示全的尴尬情景。

2.2.3 以杨经理的旅游企业为例解析行业本位法取名

杨经理经营了一家旅游企业，现在想打入上海市场，做一个关于上海旅游与美食的大号，吸引上海人或来上海旅游的人群关注这个大号，并与杨经理旅游企业签约旅游。如果你是杨经理，你该如何为这个大号取名呢？

根据上方背景案例提供的信息，它的地域是上海；功能是探寻上海景区并了解景区周边美食；行业是旅游；权威性是去的地方多，了解上海景区，帮助阅读者制作攻略。

那么，官微名字就可以是游遍上海、玩儿在上海、上海吃喝玩全搜罗、上海旅行攻略等。

> **Tips**：品牌本位法取名并不是一成不变的，可以根据实际情况适当将公式当中的功能、权威性两大模块隐去，以缩短名称长度，便于在新媒体平台中宣传与推广。当然，如果企业有自己想要突出的关键字则需酌情而定。

2.3 功效本位法

如果你仔细留意就会发现，在新媒体账号中很多人会将功效展示出来，他们这么做是为了什么呢？下面，我们就进行详细探讨。

2.3.1 功效本位法取名的优势

吸引意向客户：与其他类型昵称相比，利用功效本位法取名能够让阅读者更加清晰地了解这个账号是做什么的，从而吸引到渴望解决这个问题的人群关注，日后在宣传推广以及订单转化上就会容易很多。

扫清阅读障碍：与含糊不清的昵称相比，类似情感分析、旅行指南这种功效类的昵称能够让阅读者最大限度上扫清阅读障碍，轻易了解这个账号的作用，从而根据自身需求来选择关注或者不关注。

加速认知：企业利用功效本位法取名，可以使阅读者在阅读时省去很多思考与琢磨账号内容方向的时间，加速阅读者对于品牌 / 企业的认知，进而在第一时间选择是否关注。

2.3.2 如何利用功效本位法取名

利用功效本位法取名就是要将"我们企业能做什么"直接展示给阅读者。让阅读者知道通过这个账号能够解决哪种问题，进而最大限度地对企业特性、账号内容、企业服务项目拥有全面认知。

如果感觉上方文字描述比较抽象，不要着急，笔者总结了功效本位法取名步骤给大家。

1. 总结归纳企业服务项目。
2. 理清主营项目。
3. 思考企业到底能解决什么问题。
4. 确认官微昵称。

> Tips：第 1 步主要是做加法，最好写得全面系统一些。而第 2、3 步主要是做减法，最好写出企业的核心竞争优势和只有自己企业能够解决的问题。这样，便可以最大限度地减少仿效率和昵称重复率。

2.3.3 以王经理的教育企业为例解析功效本位法取名

王经理经营一家教育企业，主营 K12 教育以及少儿编程课程，现在想要进驻新媒体平台。如果你是王经理，该如何利用功效本位法为新媒体官微取名呢？

根据背景案例我们可以总结出，王经理开的是一家教育企业，主营 K12 教育、少儿编程。他们企业可以解决的问题是少年儿童文化课知识夯实及电脑编程知识教学。虽然其他机构也有 K12 教育和电脑编程教育，但都是 K12/ 编程专项教育。因此，他们企业的优势就是全、大。

所以王经理教育企业的官微名可以叫作：赢在 K12、K12 全教等。

> Tips：功效本位取名法就是告诉阅读者我们都能做什么，但是对于品牌 / 企业宣传这块力度则相对减弱，因此适合公益类组织 / 机构使用。当然，如果你的企业渴望建立一个权威、中立、吸引力强的账号，那么推荐使用功效本位法取名。一方面不会使之有广告嫌疑，另一方面也会增加大家对企业的好感度。

2.4 产品本位法

产品本位法取名，一般多见于拥有成熟产品线的企业。如果你仔细留意，不难在新媒体账户中发现诸如面膜大师、营销之父、炸鸡妈妈、完美衣橱等官微账号，他们即利用了产品本位法取名。那么，产品本位法取名都有哪些优势呢？本节将进行详细探讨。

2.4.1 产品本位法取名的优势

筛选意向客户：企业将产品展示出来，阅读者一看就知道这个账号的功效和讨论内容。因此，只有关注产品、想要深度了解产品的人，才会来关注。这在无形之中帮助企业进行了筛选，关注账号的人多半都是有购买需求的客户。

易产生依赖感：当阅读者看完账号内容，认为所说内容很对时便会不由自主持续关注。如果阅读者对账号产生了信任，一般情况下都会在账号里直接购买产品。

久而久之，阅读者就会产生依赖感。形成惯性以后，多数人是不会再选择其他产品的。

树立权威性：建立官微后需要发布内容，而内容一定要围绕你的产品线，针对产品进行解析，因此权威性很容易便会树立起来。阅读者阅读后，便会知道企业对所营产品的专业度。一旦专业度建立起来，在阅读者心里你就是这个行业的专家，权威性自然就树立起来了。

2.4.2 如何利用产品本位法取名

可能有些人会感觉产品本位法取名和功效本位法取名有些相似，其实不然，功效本位法是告诉阅读者我们企业能够解决什么问题，而产品本位法则需要告诉大家我们企业有什么产品。

也就是说，功效本位法取名更加适合公益类组织和服务业，而产品本位法取名则更加适合拥有成熟产品线的企业。

那么，产品本位法取名到底该如何操作呢？归纳如下。

1. 总结归纳企业产品线。
2. 找出最具竞争力的主打产品。
3. 取名。

Tips：产品本位法取名，并不是将主打产品名称作为官微昵称就可以了，而是要在昵称里体现产品，同时又要展现权威性，营造美感。

2.4.3 以王经理的木门企业为例解析产品本位法取名

王经理经营了一家木门企业，现在有一批指纹加密木门即将上市，他想在互联网上利用新媒体打开市场，但是，迟迟取不出中意的新媒体账号名称。如果你是王经理，你该如何取名呢？

　　根据背景案例显示，王经理主营的是木门，现在最具竞争力的是指纹加密木门。那么他的新媒体账号名称内一定要有"木门"二字。王经理的木门企业并不是只有指纹加密木门，而是所有木门都经营，因此，他的新媒体账号名称便可以叫作木门大全、指纹木门、加密木门、木门之家、唯爱木门等。

> **Tips**：产品本位法取名是要将产品放在企业官微昵称当中，同时又要注意权威性和美感。因此，产品本位法取名适合拥有成熟产品线的企业。事实上，取完名字以后，日后的文章发布才是账号的重中之重，只有发布一些与产品细节、优势相关的文章，才能够凸显出其产品本位取名法的权威性。

2.5　地域本位法

　　现在，很多官微都愿意将地域放在昵称上，这么做有什么好处呢？本节将与你详细探讨官微地域本位法取名的优劣。

2.5.1　地域本位法取名的优势

　　圈定服务范围：在标题中添加地域就相当于圈定了服务范围。这样，阅读者对企业的经营范围拥有一定认知，如果阅读者恰好住在你的经营范围内，那么很有可能对你的账号保持持续关注。

　　锁定意向客户：由于圈定了地域，在无形之中帮助你锁定了很多精准客户。因此不会因为地域原因而导致客流量丢失。

　　增加回购率：由于展示了经营范围，如果客户不忙或者住得离你的店铺很近，就会在看完新品推荐以后，情不自禁地来到店内消费。这在无形之中增加了回购率，进而吸引更多的人反复回购。

增加信任度：因为企业展示了地域、店铺地址，同时又在文章里经常发布最新动态，所以增加了企业信任度。如果再有一些新老客户的口碑和评测，那么就不愁没人光顾了。

2.5.2 如何利用地域本位法取名

顾名思义，地域本位法取名就是要将企业的地址展示出来，从而吸引所在地域的人群前来关注和光顾。注意：除了展示地域外，最好带上主营项目。这样，一旦阅读者有需求就会选择关注。

笔者总结了一个公式供大家参考使用：地域＋主营项目。

> Tips：地域本位取名法并不是说将地域与主营项目罗列出来即可，而是要根据实际情况进行优化，将名字优化得耐听、好记。

2.5.3 以刘姐的酸奶小店为例解析地域取名法

刘姐在上海南京路附近经营了一家酸奶小店，由于光顾的人群数量有所下滑，因此想要进驻新媒体平台，通过网络宣传吸引客户到店消费。如果你是刘姐，你该如何为新媒体账号取名？

根据背景案例显示，刘姐的地域是上海南京路，主营的项目是酸奶，那么她的自媒体账号便可以是南京路奶驿、申城奶吧等。

> **Tips**：地域本位法取名意在告诉大家店铺在哪里，以及我们是做什么的，进而吸引阅读者在闲暇时来店消费。这样在无形之中筛选了意向客户，增加了客户的回购率。如果想效果更好，在日后的配图及店内照片上要狠下功夫。

2.6　人物本位法

在新媒体平台上经常能够看到诸如小某某、×× 妈妈、神奇奶爸等以人物为主的账号名称，这样的名称有什么好处呢？为什么除了个人以外，很多企业也会使用人物作为官微的名称呢？本节将与你进行详细探讨。

2.6.1　人物本位法取名的优势

拉近距离：以人物或人物名称作为官微昵称，可以瞬间拉近与阅读者之间的距离，能够让阅读者感受到企业是一个活生生的人，而不是只有冰冷的制度和条条框框的约束。试想一下，如果你购买婴儿产品，阅读到了 ×× 妈妈的账号，你是不是有一种代入感？感觉找到了组织？进而选择相信与购买。

增加灵活性：可能我的店铺以前只卖拖把，现在又卖床上三件套、布艺家具了，不可能每增加一类产品就建立一个官微，那样既麻烦，又费时费力。如果官微的名字叫作金牌管家或管家老王，很显然，只要是和家庭有关的东西都可以在这里卖，这样就增加了新媒体账号的灵活性。在账号内开店铺，也不用考虑账号方向太窄无法添加新品。

培养好感度：试想一下，一个企业和一个活生生的人都想和你说一件事，你会选择谁？没错，一定是那个你看得见摸得着的人。所以，以人物本位作为官微昵称，会培养阅读者的好感度，进而增加品牌信誉。

2.6.2　如何利用人物本位法取名

利用人物本位法取名，就是采用拟人化的方式来取名。这种方法能够拉近官微与阅读者之间的距离，发挥提升官微好感度、活跃度的作用。

> Tips：使用人物本位法取名应该注意行业问题，应当让阅读者知道这个账号的所属行业。这样，大家就能够根据自身需求在第一时间选择是否关注。

2.6.3　以方经理的食品企业为例解析人物本位法取名

方经理最近经营了一家名为安康的食品企业（面包为主），现在想要转型新媒体，渴望在新媒体市场上分一杯羹，但是在为新媒体账号取名时犯了难。以企业名字作为账号昵称显得特别死板，如果取其他名称，又与品牌离得太远，无法达到宣传品牌的效果。如果你是方经理，请问你该如何为新媒体账号取名呢？

根据背景案例显示，方经理经营的是一家食品企业，以面包类为主。而方经理的食品企业名字叫作安康。那么，我们不妨就将"安康"作为新媒体账号的昵称，名字叫作"吃货安康"！

可能有些人会觉得名字特别死板，缺少了一些灵活度。那么不妨将"安康"二字拆开，使用安安或者康康作为官微昵称，或者叫作吃货安安、吃货康康、面包康康、安大面包师。

这样，阅读者既能够在第一时间得知账号的所属行业，又会觉得是一个灵动的人站在眼前。瞬间拉近距离，增进好感。

> Tips：以人物本位法取官微名称，适合服务业和个人。如果你的企业渴望迎合新媒体，是一个年轻的团队，或者受众比较年轻时，则推荐使用本方法。当然，如果你的企业想要树立严谨、慎重、保守的风格，则不太适合使用这种取名方法。

2.7 行动本位法

利用行动本位法取名的官微一般都非常有情怀，并且渴望做成一件事情，还想要号召更多的人加入到此类事情中来。例如，我们经常能够看到的 ×× 夜跑、×× 骑行、素食 ×× 等账号昵称都属此类。为什么有这么多的官微热衷于这种取名方法呢？本节就来为你详细阐述行动本位法取名的优势。

2.7.1 行动本位法取名的优势

便于吸纳同类：将行动展示出来，便于吸纳具有相同爱好的人群一起达成同一目标，久而久之关注此账号的人便都是拥有同类爱好的人，便于日后的推广与运营。

赋予阅读者共同目标：账号的阅读者都是因为共同目标而聚在一起的。这样，当账号内发布一些信息或活动时，就非常容易形成互动，阅读者也会自行转发。

凝聚力强：因为账号的关注者是为了同一目标而聚在一起的，所以当账号发布活动时，大家也会因为渴望达成目标而一起奋斗，要比其他账号的阅读者凝聚力强，行动力也强很多。

2.7.2 如何利用行动本位法取名

行动本位法取名就是要将我们的行动表现出来。例如，如果是旅游企业，那么就可以取旅者、游天下、人在旅途等名字，可以将我们要做的事情第一时间传递给阅读者。

行动本位法取名适合服务业、旅游业，但不适合所有企业，风格也偏向年轻。如果你的企业想要树立权威、严谨的形象，那么不适合利用行动本位法来取名。

2.7.3 以王先生的骑行团队为例解析行动本位法取名

王先生拥有一个骑行团队，现在渴望扩大成员基数，让更多的人加入进来，同时希望通过互联网、新媒体来扩大影响力，但是却在给新媒体账号取名时犯了难。如何既能让阅读者理解账号属性，又迎合阅读者口味吸引更多的人关注呢？如果你是王先生，你该如何为新媒体账号取名呢？

根据背景案例的信息，王先生的新媒体账号昵称可以叫作骑行世界、骑行者、爱骑行、骑行家族等。

如果想要将骑行的意义扩展到低碳环保，还可以将账号昵称叫作低碳主义、环保旅行者、节能爱世界、低碳骑行等。

Tips：行动本位法取名就是给阅读者灌输一个统一的目标，让大家都去做同一件事。因此，一定要在账号名字中明确告知阅读者我们的账号要做什么。久而久之，喜欢做同类事情的人便会不由自主地聚拢到你的周围。

2.8 人群本位法

人群本位法与行动本位法有着异曲同工之妙，都是将同一类人群聚集起来。不同的是，行动本位法是将一群渴望做同一件事的人聚集起来，而人群本位法是要将某一类人聚集起来。人群本位法取名有什么优势呢？本节来与你进行详细探讨。

2.8.1　人群本位法取名的优势

增加认同感：人群本位法取名会让阅读者在阅读的第一时间里就感觉到他们属于这类人，账号就是在说他们。因此，无形之中增加了认同感，让阅读者在第一时间被账号所吸引，产生好感。日后账号内宣传或做活动便会容易得多。

促进感同身受：账号在昵称上就告诉你了，就是在讲述你们这群人，因此，在无形之中增加了代入感，阅读者会拥有一种感同深受的感觉，当账号内有文章发布时，便会在第一时间来进行阅读，进而形成依赖感。

拥有归属感：在生活中每个人都有可能是少数的个体，但是当一个账号告诉你，和你差不多的人还有一大群，那么，你便会在一瞬间拥有归属感，就像在外的游子回家了一样，渴望与账号的主人形成互动，进而与更多的同类人进行交流。

2.8.2　如何利用人群本位法取名

人群本位法取名的关键在于前期阶段。首先你必须要找到某一类人群，这类人群的基数不能太小，还应该有别于其他人群。只有这样，新媒体在日后的宣传推广与文章发布时才能够形成引爆效应。

可能有些人感觉描述得非常抽象，笔者对此总结了一个公式可供大家日后套用：人群属性 + 偏好。

2.8.3　以吴经理的图书企业为例解析人群本位取名法

吴经理经营一家图书企业，由于近年来互联网的火热，他想打入新媒体渠道，既想吸引热爱图书的人群，又想树立正面形象。但是却在取名字上面犯了难，如果你是吴经理，你该如何为新媒体账号取名？

根据背景案例显示，吴经理经营了一家图书企业，因此目标受众一定是热爱读书的人群。根据人群本位法，吴经理的官微可以叫作阅读者、零点阅读者、饭后阅读者、纸质阅读者等。

> **Tips：** 人群本位取名法意在找到同类人群，并且发现此类人群的共同特征。因此，在取名之前一定要做足调查工作，让阅读者阅读后在心里拥有归属感。当这种归属感慢慢建立起来，就不愁没人关注了。

2.9 情怀本位法

当我们浏览新媒体平台时不难发现诸如 90 后、80 后、老电影回顾、那年××之类的官微。为什么企业热衷于以时代和旧时代的事物为背景来取名呢？这么做又有哪些好处呢？本节就与你详细探讨情怀本位法取名。

2.9.1 情怀本位法取名的优势

激发共鸣： 很多人看到自己的时代 / 以前的事物，就会瞬间引发联想，进而激起共鸣，形成代入感。日后这个新媒体账号发布一些文章，就很容易被带入进去，甚至自行转发宣传。

吸引高端人群： 情怀本位法取名，一般在账号名字当中都会体现一个旧时代、一段特定的时代记忆。因此，只要经历过那个时代的人，就会乐于关注这个账号，在无形之中吸引了一批极具购买力的高端人群。

便于传播： 如果我说一个人的事情，可能大家都没有共鸣。如果说一个时代的事情，便很容易形成传播和引爆。情怀本位法取名就是利用阅读者的时代共鸣，吸引更多的人关注官微。

2.9.2　如何利用情怀本位法取名

情怀本位法取名，就是要找出一个时代人的共同记忆与共同特征来进行取名。例如 80 后都知道变形金刚，再比如小时候吃的红旗雪糕以及 1 毛钱一袋的刨冰等都是一个时代人的群体记忆。我们便可以用这些作为核心点来为新媒体账号取名，可以叫作变形金刚、80 年代、老味道等。

可能有些人会感觉上面的描述非常抽象，笔者总结了一个利用情怀本位法取名的步骤，供大家参考使用。

1. 找出同一时代的群体记忆。
2. 利用这个群体记忆进行取名。
3. 对名称进行优化。

Tips：这里的时代并不一定必须是特指 80 后、90 后、00 后，也可以是特定时间段内某一群人的共同记忆。例如，2006 届毕业生、2005 年 ×× 比赛获奖者联盟等。总之，迎合某一群体的特定记忆就可以。

2.9.3　以刘女士的舞蹈队为例解析情怀本位法取名

刘女士拥有一个名为"唯美舞姿"的舞蹈团，她想将每一届的团友都聚拢在一起，同时也渴望通过新媒体来吸引更多的年轻人加入到团队中来，同时扩大团队影响力。如果你是刘女士，请问你该如何为自己的舞蹈团官微取名？

根据背景案例显示，刘女士拥有一家名为唯美舞姿的舞蹈团。这也就意味着，她想要吸引的是一群喜欢舞蹈的人。对于舞者，他们普遍都拥有追求唯美舞姿、渴望舞动青春的冲动。因此，刘女士的舞团官微可以叫作那年舞者、舞动青春、唯舞舞者，或者干脆叫作唯美舞姿。

> Tips：情怀本位法取名就是要唤醒某一部分人曾经的记忆，让阅读者投入到旧时代的记忆中来，从而唤醒他们对某些事物的追求，进而吸引更多的人来关注。这样的取名方式比较适合舞蹈、绘画、诗歌、写作、旅行等具备文艺气息和自由气息的行业。如果企业是做投资理财或者进出口贸易的，需要树立严谨踏实的一面，是不太适合使用此取名方式的。

2.10　杂志风格法

我们在阅读官微时经常发现其名字可能像一本杂志的账号，诸如悦己、食刊、"××日记"、"城事"等。把官微名字取得像杂志又有哪些好处呢？本节与你详细探讨杂志风格法取名的优势。

2.10.1　杂志风格法取名的优势

增加客观度：如果从某个企业官微上看到一种产品，你很有可能认为是这个官微要卖给你产品。但是，如果你要是在一个杂志类的官微中看到，那么你很有可能会马上信任产品。因为，该类账号没有要卖给你东西的嫌疑，它们发布文章，只是想告诉你这件事。因此，将官微名字取得像杂志便于增加客观度。

易形成口碑：在企业官微看到好的东西，往往担心被人误解在打广告就放弃转发朋友圈，放弃告诉身边的朋友。但是，如果你在一个杂志类的账号里看到一件东西呢？很显然，它少了广告嫌疑，你会和朋友讨论是否去买，也很乐于转发到朋友圈。因此，将官微名字取得像杂志便于形成口碑。

便于传播：在网络世界中，很多人都讨厌广告。如果某个企业官微发布了活动，大家往往碍于面子，都不愿意去转发，不愿意让别人觉得自己为了礼物给企业做宣传。如果将官微名字取成杂志风格，就显得柔和多了。大家都会自发传阅和转载该官微的文章。

2.10.2 如何利用杂志风格法取名

杂志风格法取名就是要将官微名字取得像杂志。笔者在这里总结了一些模板，供大家参考使用。

1. ×刊

这个比较好理解，×是可以根据实际情况来进行替换的。例如，你的企业是卖酸奶的，那么官微名字就可以叫作奶刊。这样大家一目了然，都知道你的官微是要发布关于奶制品的内容。

2. 品牌名字＋人

这是企业内刊非常管用的手法。例如，你的企业叫展翅集团，那么你的官微名字就可以叫作展翅人。这样，阅读者在阅读时就可以通过账号来了解企业的动态，更能够了解到在这个企业当中生活和工作都是什么样的，进而树立企业正面形象。

3. 爱××

这样的模式一般适用于服务业，例如，爱美食、爱妆、爱衣等。总之，"××"是可以替换的行业。前面再加上"爱"字，就显得杂志范儿十足。

4. 品牌名字简称

这样的取名方式一般适合名字比较长的企业。这样，既能够凸显企业的灵活性，增加亲近感，又能够树立企业严谨的一面。例如，你的企业名字叫作广东闵行教育科技有限企业，那么你的官微名字就可以叫作闵行。

5. 英文/中文＋范儿

这个比较适合高科技企业，能够突出企业的灵活感和潮流感。例如，科技类企业可以叫作IT范儿，教育行业可以叫作K12范儿，旅行行业可以叫作旅范儿。

2.10.3 以王经理的心理咨询企业为例解析杂志风格法取名

王经理经营了一家名为唯爱唯心的心理咨询企业，现在他想要通过新媒体渠道打开市场，吸引更多被心理疾病困扰的人来企业进行心理咨询。如果你是王经理，请问你该如何为自己的新媒体账号取名？

根据背景案例显示，王经理的咨询企业名字叫作唯爱唯心，是一家心理咨询企业。那么套用上方笔者给出的 5 个公式，王经理的官微名字可以叫作心刊、唯爱人、爱心理、爱唯心、心理范儿等。

> Tips：利用杂志风格法进行取名，就是要削弱营销打广告的嫌疑，让阅读者先对账号产生兴趣，然后对企业产生好感。这种取名比较适合阳光、年轻、包容、灵活的企业使用。如果你的企业想要树立庄重、严谨的形象，使用杂志风格法来取名则不太适合。

2.11 标新立异法

在浏览新媒体的时候，我们也会发现很多看不太懂的账号名称。例如，烧主、咸蛋、浪意等。为什么这些官微要取一个谁也看不懂的名字呢？这么取名又有哪些好处呢？本节将与你详细探讨标新立异法取名的优势。

2.11.1 标新立异取名法的优势

吸引眼球：采用此种方法取名，大家会产生好奇，想要看看到底这个官微是做什么的，是在讨论什么。久而久之，便形成了引爆效应，吸引了更多人的眼球。

便于记忆：因为这种方法取的名字一般都很另类，所以很多人都会带着好奇心去搜索。久而久之，也就记住了这个官微。

2.11.2　如何利用标新立异取名法取名

标新立异取名法就是要打开思路，找到另类新奇的点，然后根据这个点来为自己的官微取名。名字可以很长，也可以很短，可以让人摸不着头脑，更可以让人大跌眼镜。总之，要具备冲击力。

> Tips：这样的取名方式关键在于取名者的思路有没有被打开，还要看行业 /
> 团队是否具有足够的包容性和开放性。因此，这样的取名方式一般适合新兴行业 /
> 团队，不太适合传统行业 / 团队。

2.11.3　以刘先生的滑板团队为例解析标新立异法取名

刘先生拥有一个滑板团队，现在渴望通过新媒体渠道吸引更多的年轻人加入。如果你是刘先生，请问你该如何为官微取名？

根据背景案例可知，刘先生拥有一个滑板团队。我们首先应该打开思路，思考一下滑滑板都会遇到哪些情况。

刚开始不会滑的时候，一定会摔跤，身上可能青一块紫一块。

滑滑板的人未必特立独行，但大多数很潮，可能会喜欢铆钉、朋克这些风格。

他们一般对音乐、绘画什么的也比较在行。

一定是年轻人。

一般玩儿滑板的人多数会在夜里聚在一起玩儿。

如果是孩子喜欢滑板，而且总在夜里出去玩儿，那么很容易让家长联想到一些不好的事情。所以，玩儿滑板的孩子最渴望的就是家长的理解。

而玩儿滑板的成年人，也渴望消除阅读者的有色眼光，传递出滑板是一项爱好、一种文化的理念。

因此，根据以上这些方向点，刘先生的官微可以叫作子夜滑者、滑文化、滑行等。

Tips：标新立异法取名，就是要颠覆阅读者想象，找到一些出其不意的点进行取名，让阅读者了解到，我们也是一种文化。因此，比较适合小众的或不被阅读者理解的行业使用。

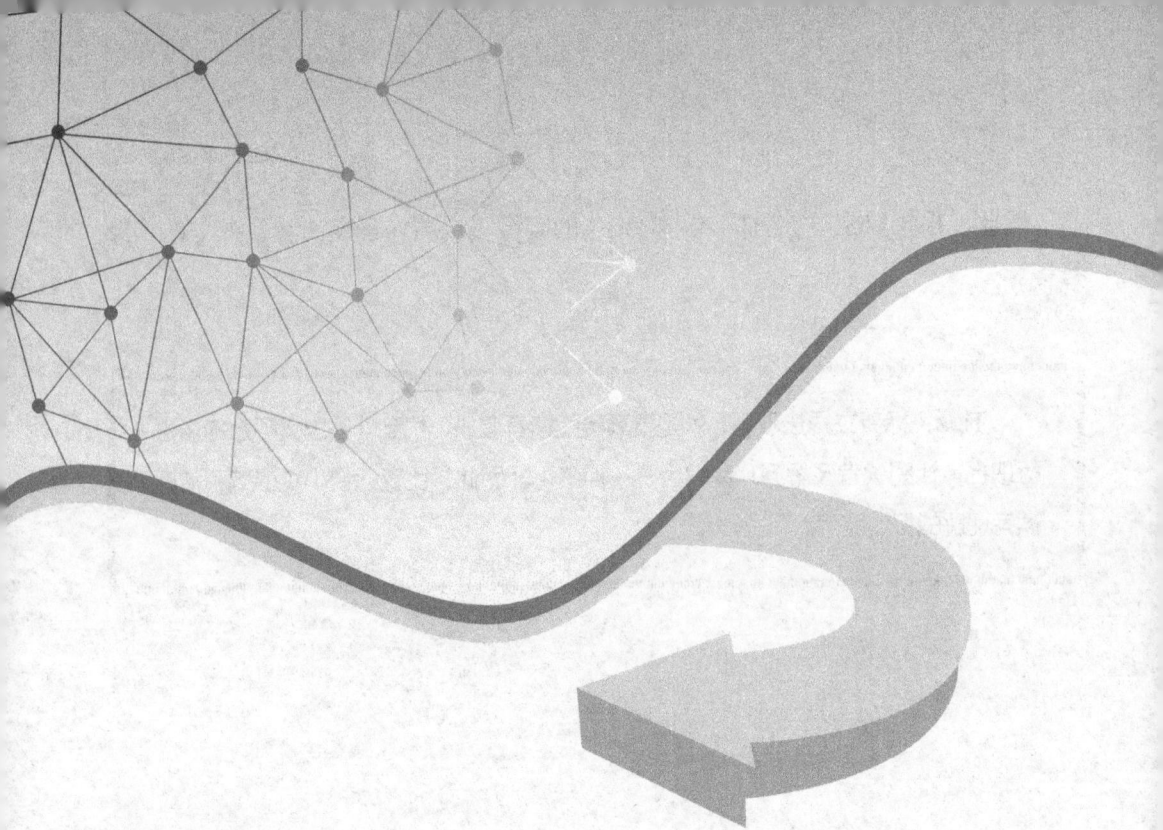

第 3 章
简介撰写的黄金模式

　　新媒体账号注册伊始，很多平台都要求注册者填写一段账号简介。可别小看它的作用，阅读者从接触账号到选择关注账号的过程都得靠这短短 100 字左右的简介。这个账号简介又该如何写呢？什么样的账号简介更容易吸引阅读者关注呢？本章将针对上述问题进行详细分析。

3.1 功能展现式

我们日常浏览新媒体账号时，不难发现如图 3.1 所示的简介。它将微信账号提供的功能与可以解决的问题全部写在微信账号的简介里。企业这么做是为了什么呢？这么做又有哪些好处呢？本节笔者就对此进行详细探讨。

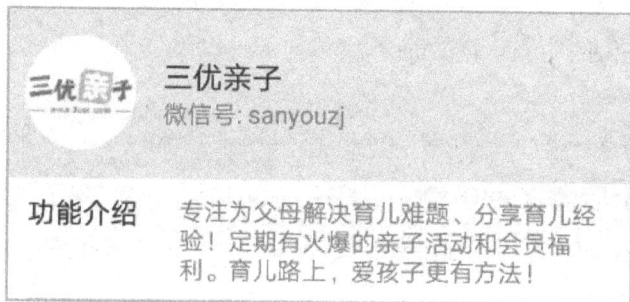

三优亲子
微信号: sanyouzj

功能介绍 专注为父母解决育儿难题、分享育儿经验！定期有火爆的亲子活动和会员福利。育儿路上，爱孩子更有方法！

图 3.1 功能展现式简介案例

3.1.1 功能展现式简介的优势

筛选意向客户：功能展现式简介一般都会将本企业能够解决的问题、账号可以提供的功能展示出来。这样，阅读者就能够在阅读的第一时间认清自己是否有需求，从而选择关注或者不关注，在无形之中进行了客户筛选工作。能够长期关注的阅读者，也就是企业的意向客户。

加速品牌认知：可能以前阅读者并不了解企业是做什么的？当他们看到账号简介时，就会一目了然，知道企业的服务项目以及能够解决的问题。这样加速了阅读者对品牌的认知。

增加互动率：由于账号将可以解决的问题放在了简介当中，那么拥有相关问题的人群便对账号有了一定的期待。日后，当这个账号发布文章时关注的人就会认真阅读。如果文章中没有提到自己待解决的问题，也许会不由自主地留言互动，这在无形之中增加了互动率。

3.1.2　功能展现式简介的写法

撰写功能展现式简介首先要解决的问题就是了解"企业到底能够通过这个账号为阅读者解决哪些问题"以及"这个账号能够为阅读者提供哪些功能"。只要我们弄明白了这两大问题，就可以写出非常合适的官微简介了。

在这里笔者总结了一个公式供大家在日后的工作当中参考使用：企业能解决的问题 + 账号提供的功能 = 官微简介。

Tips：企业能够解决的问题并不等同于服务项目，一定要将企业能够解决的问题想全，这样才能够写好功能展现式的简介。

3.1.3　以王经理的教育企业为例解析功能展现式简介的写法

王经理经营了一家教育企业，主要提供儿童艺术培训、中小学文化课培训、少儿编程等课程，现在渴望通过新媒体渠道打开市场，吸引更多的家长关注自己的企业，进而让孩子选择自己企业来进行业余辅导。如果你是王经理，你该如何为自己的官微撰写简介呢？

根据背景案例显示，王经理经营一家教育企业，他能够解决的问题是儿童艺术培训、中小学文化课培训、少儿编程培训。再扩展一点，王经理可以解决的问题是儿童文化课培训及少儿艺术培训。

王经理的官微简介可以写：专业的少儿艺术培训及文化课培训、编程培训机构，微信在线报名更优惠。

> **Tips**：功能展现式简介，旨在将能够解决的问题以及微信内可以提供的事情明确告知大家，可以吸引有需求的人对账号持续关注。此类简介撰写方式比较适合服务业。

3.2 品牌突出式

不难发现，有些新媒体账号的简介特别突出品牌，如图 3.2 所示。这么做是为什么呢？将品牌写进账号的简介当中又有哪些好处呢？本节就来探讨品牌突出式简介撰写方式的优势。

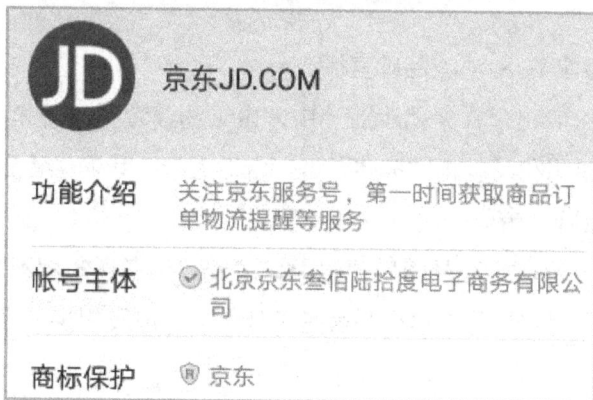

图 3.2 品牌突出式简介案例

3.2.1 品牌突出式简介的优势

便于品牌传播：将品牌名称写在官微简介当中，日后人们在关注账号时，能够在第一时间了解账号是由哪个企业建立的，进而扩大品牌形象，增加企业公信力。

便于沟通： 大多数将品牌写在简介中的企业都是名企，这相当于为阅读者提供了一条新的信息传递渠道。阅读者可以在新媒体平台内阅读完最新信息，然后去平台上购买，也可以在新媒体平台里追踪订单，更加方便快捷。

增加新鲜感： 在新媒体平台开设官微，就是在告诉阅读者，我们的企业很开放、很时尚。这样，阅读者也会好奇企业开设新媒体平台账号后能做什么。进而增加阅读者新鲜感，对品牌拥有新的认知。

3.2.2 品牌突出式简介的写法

写品牌突出式简介，不仅要将品牌写进简介当中，还要想尽办法突出品牌，刺激阅读者记住品牌。它的撰写模式一般有以下几种。

1. 关注×××，第一时间了解××。

这样的写法意在让阅读者了解账号是由谁建立的，能做什么，从中能获取到什么信息。

2. ××集团旗下×××品牌官微。

这样的简介一般出现在集团企业当中，由于阅读者对集团和品牌都有一定认知，因此只要将集团和品牌正常描述即可。告诉大家，我们也建立了官微。

3. ×××品牌，带你一起……

这样的简介一般被中小品牌广泛使用，由于阅读者认知度不高，必须在简介当中告知品牌，同时也要告知这个品牌是做什么的，以及提供什么服务。

3.2.3 以李经理的水果企业为例解析品牌突出式简介的写法

李经理经营了一家名为果葩的鲜果企业，五年来因信誉良好广受好评，并吸引了一大批消费者。现在有一系列水果产品需要通过新媒体渠道进行宣传。如果你是李经理，你该如何为自己的新媒体账号撰写简介呢？

根据背景案例显示，李经理经营的是一家水果企业。产品是鲜果，品牌名称是果葩，企业现状是经营五年，有固定消费群体。那么套用前边提供的简介撰写公式,李经理的新媒体账号简介可以写成如下内容。

1. 关注果蓓,第一时间订购最新果蔬。

2. 果蓓,带你一起走进轻食生活。

> Tips:品牌突出式简介,就是让阅读者在浏览新媒体账号时记住自己的品牌,通过长时间的阅读与互动,吸引阅读者在新媒体平台内形成购买欲望。因此,我们不仅要想办法在简介当中突出品牌,还要告知阅读者通过这个官微能够做什么。

3.3　服务项目式

服务项目式简介撰写方法在新媒体平台内比较常见,如图 3.3 所示,它将企业的服务项目罗列在简介当中。为什么很多企业乐于写这样的简介呢?这么做又有哪些好处呢?本节就来阐述服务项目式简介的优势。

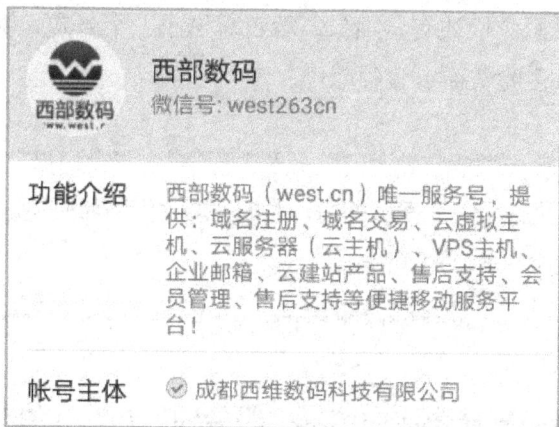

图 3.3　服务项目式简介案例

3.3.1 服务项目式简介的优势

吸引精准客户：对于新关注的客户来讲，他们在阅读完账号简介以后，如果看到了企业的服务项目，就会在第一时间衡量自己是否有购买需求。如果有，很有可能就会去关注。这样就抓取到了精准客户。如果不在简介当中写出服务项目，就会陷入阅读者盲目关注、日后不感兴趣批量取消关注的尴尬境地。

加速企业认知：可能以前阅读者并不知道企业都有哪些服务项目。现在，企业将服务项目写在微信账号简介中，阅读者就会知道这个企业是有这些服务项目的，从而在潜意识里加深印象，在日后形成购买。

提高转化率：如果不写服务项目，即使阅读者再喜欢，也想不到在账号内购买产品。如果你写了服务项目，阅读者有需求，就会下意识想起你的企业，进而进行购买，这在无形之中提升了转化率。

3.3.2 服务项目式简介的写法

撰写服务项目式简介分为两大步骤。第一步，广泛整理企业的服务项目，将企业的服务项目想全，并按照竞争力顺序排列；第二步，将企业名称与服务项目串联起来形成一句完整的话。这样，服务项目式简介就撰写完毕。

可能有些人会感觉描述有些抽象，笔者总结了一个公式，供大家在日后的工作当中嵌套使用：企业名称＋服务项目。

> Tips：账号简介是一句完整的话，因此串联这个步骤必不可少。一定要让阅读者看得懂，看得清楚，一目了然。

3.3.3 以方经理的家居企业为例解析服务项目式简介的写法

方经理经营一家名为爱家的家居企业，主要卖橱柜、床、桌椅、衣柜和手盆等。现在想要通过新媒体渠道打开市场，让更多的人了解企业。如果你是方经理，你该如何为自己的新媒体账号撰写简介呢？

根据上方背景资料，方经理开的是一家家居企业，名字叫作爱家，服务项目是卖橱柜、床、桌椅、衣柜和手盆等。

那么，方经理的新媒体账号简介便可以写成如下内容。

爱家家居，主营橱柜、床、桌椅、衣柜、手盆等家居用品。选择爱家，添置放心家居，给你一个温馨舒适的家。

Tips：服务项目式简介的撰写方式就是要将服务项目写在简介当中，进而使阅读者知道企业的服务项目，激发购买欲。值得注意的是，简介当中的服务项目并不是罗列下来就可以，还要与企业名称相结合，整理成一句通顺的话。

3.4　地域框定式

现在很多新媒体账号都以地域为核心进行撰写，并且反复强调地域，如图 3.4 所示。这是为什么呢？这样做的好处是什么呢？本节就来探讨地域框定式简介的优势。

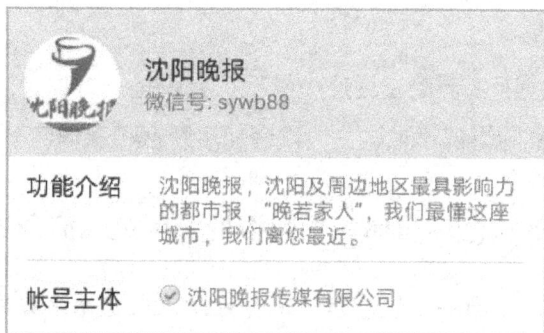

图 3.4　地域框定式简介案例

3.4.1　地域框定式简介的优势

框定意向人群：可能有些企业的产品很好，但由于与自己不在一个城市，很多人即使产生兴趣也不会去购买。如果将地域展示在名字简介当中，就会吸引当地人关注。这样，关注账户的人便是潜在客户群，也在一定程度上屏蔽了部分其他地域的人关注。

便于互动：很多人喜欢一个账号以后，往往都因为不知道店铺位置，不了解实体店，怕落入陷阱，而不敢去互动和参与活动。那么，如果你将店铺位置、地域写在简介当中，阅读者在路过时就会留意，进而参与活动，形成订单。

增近好感度：阅读者在知道店铺和自己住址在同一地域时就会心生好感。这样账号发布文章、活动时，客户就会在好感度的驱使下形成互动。

刺激购买欲：如果你看中了一件商品，却不知道店铺位置，你很可能就不去买了。如果你知道店铺离你很近，而你又很喜欢呢？你可能会选择进店逛逛，价格合适就买了。因此，将地域写在简介当中，就是在一定程度上刺激阅读者形成购买。

3.4.2　地域框定式简介的写法

地域框定式简介就是将地域作为主体写在简介当中。让阅读者在潜移默化中记住店铺所在区域，进而在日后形成购买。如果上面这些文字你感觉比较抽象，依旧不知道地域框定式简介的写法，那么也不要着急，笔者总结了一套模板供大家在日后的工作当中使用：地域＋品牌＋服务项目＋最懂的（地域）人。

备注：切不可按部就班地套用这个模板，它只是一个参考。如果企业有标语口号，也可以根据实际情况添加进去，以增加活跃度和亲切度。

3.4.3　以李先生的沈阳吃货团为例解析地域框定式简介的写法

李先生管理着沈阳的一个吃货团，现在他想在新媒体平台进行宣传，吸引沈阳的吃货们都加入到吃货团中来，一起享受沈阳美食，让沈阳单身青年的业余生活更加丰富多彩。如果你是李先生，请问你该如何为这个新媒体账号撰写简介呢？

根据背景案例显示，李先生管理的是一个吃货团，主要是发现沈阳美食，组织年轻人社交。因此，李经理的新媒体账号可以写成如下内容。

沈阳吃货集散地，一群奉天城内最懂美食的人。加入我们，发现沈阳美食，结交良师益友。

Tips：地域框定式简介就是要在简介当中反复突出地域，从而吸引同一地域内的人关注账号，形成互动，在无形之中为账号筛选意向客户。本节所给出的地域框定式简介模板并不是一成不变的，需要根据实际情况进行优化，不可生搬硬套。

3.5 态度告知式

在新媒体平台当中不难发现如图 3.5 所示的简介，一句话表明态度。为什么很多平台都会在新媒体账号的简介当中表明态度呢？你知道这么做又有哪些好处吗？本节深度解析态度告知式简介的优势。

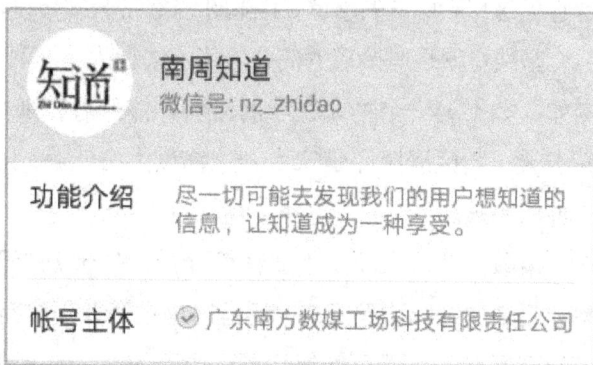

图 3.5 态度告知式简介案例

3.5.1 态度告知式简介的优势

拉近距离：将态度写在简介当中，阅读者在阅读时就会感觉账号后面是一个活生生的人。这样，就更像是交朋友。朋友和你说他对某一领域的态度，或者他做某些事情的态度，就很容易产生身临其境的感觉。这样账号发布出来的文章，你看了就会感觉好像发生在我们身边，进而喜欢上这个微信账号。

增加公信力：如果有人对一件事情畏畏缩缩，你也会感觉这个人很窝囊。但是，并不是每个人遇到问题都能够表达出自己的态度。如果企业将自己的行事态度写在简介当中，就恰好满足了阅读者渴望站立场、与具备傲骨的人结交的愿望，进而对品牌产生信服感与好感。

激发共鸣：如果在你遇到委屈的事情时没人理解，你很可能会感觉更加郁闷。但是，当你在新媒体账号的简介当中发现有些企业的态度和你的态度一致，你就会有找到了组织的感觉，进而持续追逐。态度告知式简介就是最大限度地激发你与企业的共鸣，进而对企业持续关注。

3.5.2 态度告知式简介的写法

态度告知式简介的撰写，重点在于找到迎合阅读者的一种行事态度，说出阅读者心里想却不敢说的事情。因此你的态度必须要符合三个原则：坚决、果敢、精悍。

坚决：就是所撰写的简介，读上去让人有一种必须去做，就这么去做的感觉。例如，如果为一个物业企业创建新媒体账号，那么可以在简介当中写：园区治安高于天，园区居民即是家人。这样读上去，就显得坚决、坚定，在无形之中给人一种信服感。

果敢：就是果断。不要在简介当中体现既想干这个，又想干那个，让阅读者阅读起来软绵绵犹豫不决。还是以物业企业创建新媒体账号举例，如果简介如下：维护园区治安，尽可能保护居民财产安全。这样阅读起来就显得比较犹豫，阅读者阅读以后便不会信服，更不会追随你。

精悍：就是简介要写得比较简短、有力。谁都知道太多的字数没人看，如果你在简介里写上二三百字，相信根本没人阅读，更不要希望被追逐和关注了。表明态度式的简介，一定要写得短小精悍，这样阅读者才会及时接收到信息，与你达成共鸣。

3.5.3　以尤经理的教育企业为例解析态度告知式简介的写法

尤经理创办了一家教育企业，主营 K12 文化课培训、儿童艺术培训。现在想要加入新媒体平台，通过新媒体渠道宣传品牌同时吸引更多家长与孩子选择自己的教育企业进行课外辅导。如果你是尤经理，你该如何为自己撰写新媒体账号简介呢？

根据背景案例可知，尤经理开办了一家教育企业，主要进行 K12 文化课培训和儿童艺术培训。它的受众是孩子和家长。对于孩子，家长们最希望的就是孩子能够健康成长，考上好学校。而孩子最希望的就是家长不要过分限制自己。

那么尤经理的新媒体账号简介便可以写成如下内容。

1. 让孩子在学习当中得到快乐，让成绩不再成为烦恼。

阐述：很多孩子在学习当中体验不到快乐，而有些家长往往一看到孩子成绩差就选择打骂，从来不听也不去想孩子为什么会考这么低的分数。因此，在简介当中写"让孩子在学习当中得到快乐"这是孩子和家长都希望的。"让成绩不再成为烦恼"意在映射很多家庭都会因为成绩闹翻天，来这儿补课孩子学习成绩提高，自然也就不会因为成绩而烦恼了。

2. 来这儿，用成绩堵住家长的唠叨！

阐述：这是站在孩子的角度撰写的简介，意在告诉孩子，选择在这里补课成绩会提高，就不用天天听家长唠叨自己的成绩了。当然，这个简介一般适用于比较有个性、开放的教育企业。

> Tips：态度告知式简介就是尽可能地说出阅读者心里想说而又不敢去说的事情。当然，在这里要记住几点，态度告知式简介需要符合坚决、果敢、精悍这三大原则，要给阅读者冲击力，尽可能引发共鸣。

3.6　气氛营造式

在新媒体账号当中很多官微都在通过有趣的文字来营造气氛，如图 3.6 所示。究竟快乐能不能绕地球十圈？这个谁也无从考证。但是，你看到这个简介以后却能够会心一笑，这就足够了。那么为什么那么多官微都开始营造气氛呢？本节来探讨气氛营造式简介的优势。

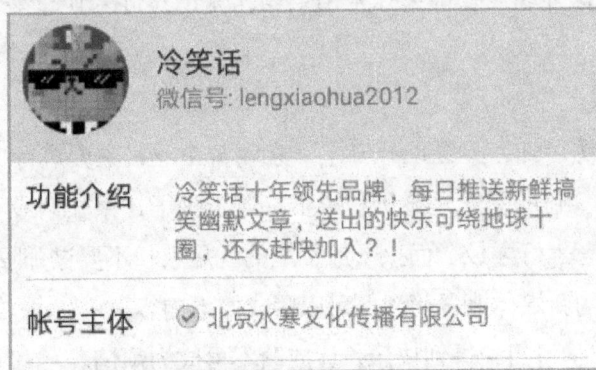

冷笑话
微信号: lengxiaohua2012

功能介绍　冷笑话十年领先品牌，每日推送新鲜搞笑幽默文章，送出的快乐可绕地球十圈，还不赶快加入？！

帐号主体　☑ 北京水寒文化传播有限公司

图 3.6　气氛营造式简介案例

3.6.1　气氛营造式简介的优势

轻松幽默：这就和你不愿意听老师讲课，但是却愿意听人讲相声是一样的。有趣幽默的气氛，每一个人都喜欢。在简介当中适当地营造有趣幽默的气氛，适当地扩张、适当地娱乐，这让阅读者有一种轻松的感觉，进而选择追逐。

增加好感度：试问什么人能和你开玩笑？没错，就是亲人和朋友。当账号在简介当中适当地营造轻松的气氛，你就会有一种找到了老友的感觉，在无形之中增加了好感度，进而持续关注。

便于传播：有意思的事情谁都愿意去自发地传阅，大家抱着好玩儿的态度都会去下意识讨论。在简介当中适当地通过有趣幽默的文学营造气氛，这样阅读者在阅读时感觉有意思，就会下意识推荐给身边的朋友。

3.6.2　气氛营造式简介的写法

气氛营造式简介在撰写时也应该把握好度，不要涉及家人、你等特指的对象。而是要泛指，说一些可讲可不讲的事情。

其次，还要注意观察生活，要将阅读者生活当中的普遍现象拿出来当作营造气氛的素材。这样，阅读者在阅读时才会引发共鸣，使其有身临其境、感同身受的感觉，进而选择持续关注你的企业官微。

笔者在这里也为大家总结了几个。

1.　其实×××。

这里的"其实"后面，要写符合事实但大多数人又不太知道的事情，才能够引发关注，营造出不一般的气氛。

2.　你知道吗？×××。

前边的"你知道吗"，就是在引发阅读者关注。即使当他们关注以后，发现与想象不符也会营造出幽默的气氛。因此，这里的"××××"同样要写出事实，可以是夸张的，也可以是另类的，总之，颠覆常规思维即可。

3.　自由发挥。

就是想到什么、感觉什么有意思就写什么。

Tips：气氛营造式简介并没有一个非常标准的公式可供大家套用。本节只是笔者根据过往实操经验总结出几个常见的公式，但不是唯一标准，切不可生搬硬套。其实，气氛营造式简介只要写得有意思、有趣，又不违背传统的道德伦理，就是成功的。

3.6.3　以李经理的游戏企业为例解析气氛营造式简介的写法

李经理经营一家网页游戏企业，现在想在新媒体平台上宣传自己，渴望通过新媒体平台吸引更多玩家的关注。如果你是李经理，你该如何利用气氛营造式的写法为自己的新媒体账号撰写简介呢?

根据背景案例可知,李经理经营了一家网页游戏企业,我们都知道游戏企业里有好玩儿的游戏,更能通过冲关赚到金币,只要你玩儿得好,无论在现实中是何种阶层在游戏里都是王者。游戏企业往往通过新媒体账号发布开服消息与发放金币、道具等福利。

因此新媒体账号的简介便可以写成如下内容。

想要敬佩他人?想要被他人敬佩?在这里,都是可以的!

> **Tips**:气氛营造式简介就是要和阅读者开玩笑,最好写出阅读者每天心里都在想而又不敢去说的事情。这样,阅读者才能够在心底产生共鸣,进而对账号持续关注。切记,气氛营造式简介的撰写方式并没有一个固定的模式,重在气氛二字。只要你写的简介有趣,让人能够会心一笑,就可以啦!

3.7 人物互动式

新媒体平台有很多官微的简介都采用了拟人的方式来撰写,就好像有人和你说话一样,如图3.7所示。好端端的为什么企业需要用拟人的方式来撰写新媒体账号简介呢?利用拟人的方式撰写简介又有哪些好处呢?本节来详细探讨人物互动式简介的撰写方法。

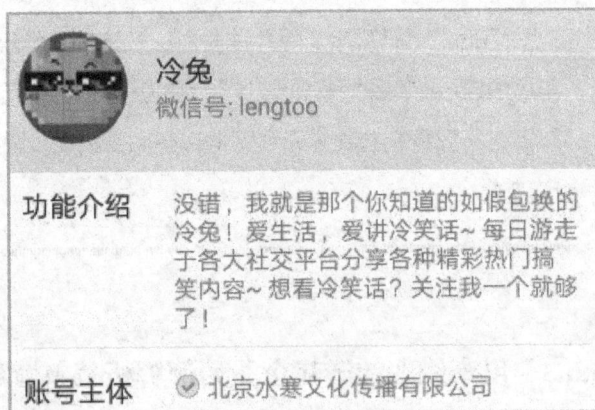

| 冷兔 |
| 微信号: lengtoo |
| 功能介绍 | 没错,我就是那个你知道的如假包换的冷兔!爱生活,爱讲冷笑话~每日游走于各大社交平台分享各种精彩热门搞笑内容~想看冷笑话?关注我一个就够了! |
| 账号主体 | 北京水寒文化传播有限公司 |

图3.7 人物互动式简介案例

3.7.1 人物互动式简介的优势

增加趣味性：阅读者在浏览新媒体账号时看惯了那些官方账号，以为官微就是一副光辉的形象。如果你发现有个账号利用拟人的方式，像朋友一样和你说话，你会有什么感觉？没错，就是感觉有意思。

减少陌生感：当账号的简介中用拟人的方式与你对话时，你就会感觉像朋友和你聊天一样，这样就消除了你与企业的陌生感。当你在心里认为这个账号和你是朋友以后，就会对它所发布的文章内容产生信任，进而持续关注，甚至形成购买。

便于传播：这就像是街坊邻居告诉你秘密，你愿意告诉其他人一样。当账号的简介用拟人的方式与你对话，你就会有一种跟朋友聊天的感觉，基于朋友不会骗我的信任感，也会在第一时间进行传递。

3.7.2 人物互动式简介的写法

人物互动式简介重点在于利用第一人称或吉祥物的口吻来撰写，让阅读者在阅读的第一时间感觉好像有人在和自己对话，这就对了。在一般情况下，可以用"我"或者"你好呀"来进行开头。

可能有些人依旧感觉上面的描述有些抽象，笔者总结了一些常见的人物互动式简介的撰写模式，供大家在日后的工作当中参考使用。

1. 我就是 ×××。
2. 你好呀。我们一起 ×××× 吧。
3. 请叫我 ××××。

3.7.3 以老王的个人新媒体账号为例解析人物互动式简介的写法

老王喜欢摄影，他不满足于参加各种摄影比赛，更希望通过新媒体渠道来宣传自己，吸引更多喜欢摄影的人一起交流讨论。如果你是老王，你该如何利用人物互动式撰写方法为自己的新媒体账号撰写简介？

根据背景案例可知，老王想要成立自己的新媒体账号，他的特长是摄影，同时，之前经常参加比赛，应该有人认识他。那么，他的新媒体账号可以写成如下内容。

你好，我就是老王，那个每天拿着单反将时光定格的人。如果你也有同样爱好，那还等什么？一起动起来，记录整个世界吧！

> **Tips：** 人物互动式简介的撰写精髓在于能像一个人一样与你的阅读者进行对话。本节中提到的撰写模板仅供大家在日常的工作当中参考使用，如果有更好的思路，则可以根据实际情况进行调整，切不可生搬硬套。

3.8　个性张扬式

在浏览新媒体账号的时候，你可能也看到过很多看不大懂的账号简介。这样的简介个性张扬，一般年纪大的人不太懂，年轻人都会理解，如图 3.8 所示。为什么这些人明知道自己的账号简介别人看不懂还要用呢？这么做又有哪些优势呢？本节就来探讨个性张扬式的简介撰写方法。

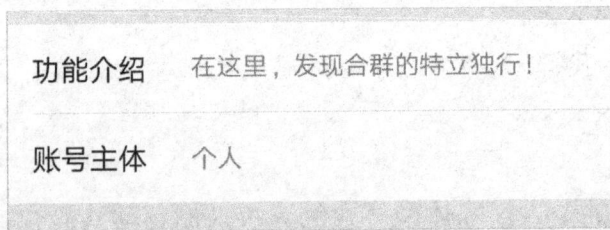

功能介绍	在这里，发现合群的特立独行！
账号主体	个人

图 3.8　个性张扬式简介案例

3.8.1　个性张扬式简介的优势

树立企业年轻形象：很显然，这样的简介不会出现在死板的企业当中。如果新媒体账号的简介写得比较有个性，在无形之中就树立了企业偏向年轻、充满活力与阳光的形象，便于企业日后针对年轻人进行推广与宣传。

增加品牌印象：如果企业把账号简介写得比较普通和常规，很显然是没人会去留意的。如果企业把简介写得另类一点呢？没错，这样就会形成讨论。在阅读者好奇心的驱使下，大家就会不由自主地去查阅和议论，在不知不觉中便记住了品牌。达到了增强品牌印象的目的。

迎合年轻人：现在很多年轻人都喜欢不拘一格的内容。因此，企业把简介写得比较另类，就有可能吸引很多年轻人。

3.8.2　个性张扬式简介的撰写方法

个性张扬式简介的撰写，实际上就是开阔思维，找到企业特立独行的那个点。我们可以使用反向思维、联想思维等不同的思维方式进行撰写。总之，把简介写得有趣、另类就可以啦！

例如，要为自行车企业的新媒体账号撰写简介，你就可以写成如下内容。

在车水马龙的城市，我们选择利用原始方式出行，只为让后人看到这个世界本来的面貌。

> **Tips**：个性张扬式简介的撰写并没有一个公式可以套用。它需要开动大家的思维，找到适合自己企业的点进行撰写。只要有意思、有趣、幽默、非常规就可以。

3.8.3　以柳先生的轮滑企业为例解析个性张扬式简介的写法

柳先生拥有一家轮滑企业，主要售卖轮滑设备及提供轮滑表演服务，现在想要通过新媒体渠道吸引更多的年轻人来玩儿轮滑。如果你是柳先生，你该如何为自己的新媒体账号撰写简介呢？

根据背景案例可知，柳先生经营一家轮滑企业，主要售卖轮滑设备，提供轮滑表演服务。那么，我们就可以开阔思维，如果在校园里我穿着轮滑鞋，那么一定会吸引很多学生的目光。再扩展一下，如果对轮滑有天赋，参与表演并获了奖，没准儿也是一条发展道路。

因此，柳先生的新媒体账号简介便可以写成如下内容。

1. **人生需要加速，滑行创造美好未来！**

2. **滑着走，让生活 666。**

Tips：个性张扬式简介主要在于前期的思维拓展，并没有一个统一的公式可以套用。这就需要大家在日常的生活当中仔细留意，发现吸睛的点。值得注意的是，这样的简介撰写方式一般适合受众为年轻人的企业。如果你的企业受众是中老年人，那就不适合采用这样的简介撰写方法。

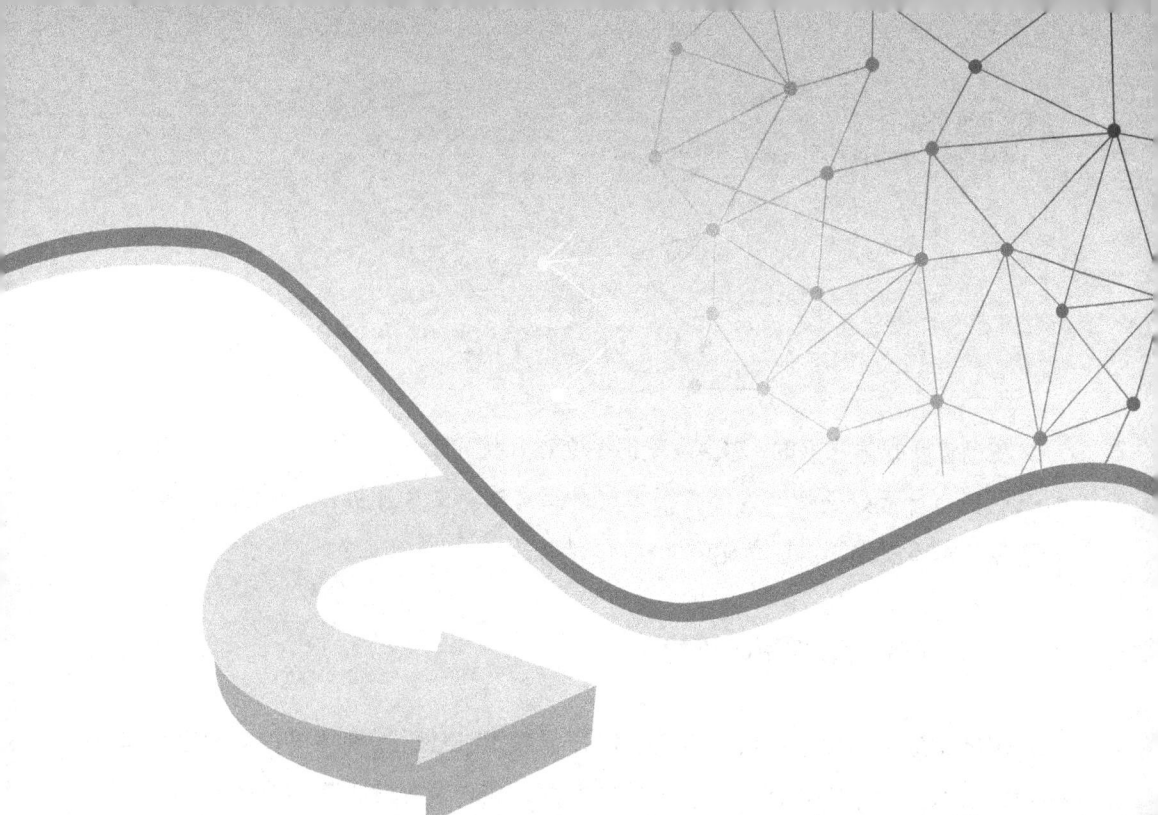

第 4 章
版式设计的相关技巧

　　在浏览新媒体账号的时候，你是否看到过很多账号的排版非常漂亮，但你不知道这是怎么做的？作为新媒体运营人员，你的老板与客户是否也曾和你提要求："看看别人的排版，为什么人家做得那么漂亮？"本章将针对上述问题进行详细探讨，帮助你做出让所有人眼前一亮的新媒体内容排版。

4.1　首尾呼应法

在浏览新媒体账号时，你会发现很多文章开头和结尾使用的文本框是一样的。这么做又有什么好处呢？为什么很多账号都喜欢将文章开头和结尾的文本框保持一致呢？本节就详细讲述首尾呼应法排版模式。

4.1.1　首尾呼应法排版的优势

保持文章整体风格一致：当我们打开新媒体账号时发现首段和末段的文本框一致，那么无论中间穿插了什么样的文本框，在一定程度上都会保持整齐划一。这样就在无形之中树立了品牌形象，保证了文章整体风格的一致性。

树立严谨的企业形象：一个严谨的企业一定会通过一些统一的事情来树立企业形象，例如，穿统一的制服，统一打卡上下班等。在新媒体账号上，就是将每一篇文章的开头与结尾设定成统一的格式模板。这样，虽然每一篇文章的内容都不尽相同，但是阅读者却能够感受到企业的严谨性。

加速阅读：众所周知，文章开头和结尾的内容一定是全文的核心。因此，文章开头和结尾的文本框的设置具有一致性，有利于重点突出，进而使一些利用零散时间浏览的阅读者能够快速阅读，抓住重点，找到自己想要的东西。

4.1.2　首尾呼应法排版的规则

首尾呼应法排版，并不是说只要文章的开头与结尾的文本框保持一致就足够了。如果你认真浏览过很多编辑器就会发现，有很多文本框是不适合放在文章开头和结尾的。到底什么样的文本框比较适合首尾呼应排版呢？在这里，笔者总结了一些排版规则供大家参考使用。

1.　能用横向文本框，就不要用竖向文本框。

阅读者打开文章，看到横向文本框，阅读者就会感觉到大方、灵动。如果开篇就是竖向文本框，阅读者会有一种没看到文章开头的感觉。

2. 文章内容能少就少。

首尾呼应的排版方式重在让阅读者能够看出文章首段与末段的文本框是一致的，进而营造整齐的感觉。如果文章内容太长，那么文章首段与末段的文本框就算再统一也不会有那么大的冲击力。

3. 保持账号整体风格一致。

试想一下，如果你打开一个新媒体账号，其中的每一篇文章排版都不一样，你就会感觉这个账号不太严肃。如果你将账号内所有文章的开头与结尾都设置成一致的，当日后有人翻开时就会感受到严肃与整齐划一，有利于树立企业严谨的形象。

4.1.3　首尾呼应法排版模板

可能有些人会感觉上面的描述有些抽象，还是不知道首尾呼应法排版到底该如何排。笔者在这里准备了一套模板供大家参考使用，如图 4.1 和图 4.2 所示。

模板一使用边框类文本框进行排版，主要是将文章开头和文章末尾的文本框保持一致，这样无论中间穿插什么内容，都能给人一种整齐的感觉。值得注意的是，这里的文本框都是横向的。为什么都是横向的呢？

其实答案很简单，因为一般文章开头和结尾都涵盖了整篇文章的精髓，横向的文本框正好给人一种总结和概括的感觉。如果使用竖向文本框，则会给人一种有什么事情没说完，或者干脆就没说的感觉。

模板二是使用背景类文本框进行排版，它不需要文章开头与文章末尾的文本框必须保持一致，但是要求文章开头与文章末尾文本框的背景元素保持一致。这样，也能够创造出整齐划一的效果。

当然，在使用模板二时，在文章中穿插的内容需要费一番心思进行优化，需要编辑人员具备一定美感度。找一些风格背景一致的文本框进行排布，将文章中间的排版风格与文章开头与末尾的文本框风格大体上保持一致，这样整篇文章看起来才会让人赏心悦目。

> 那一天我二十一岁，在我一生的黄金时代，我有好多奢望。我想爱，想吃，还想在一瞬间变成天上半明半暗的云，后来我才知道，生活就是个缓慢受锤的过程，人一天天老下去，奢望也一天天消逝，最后变得像挨了锤的牛一样。可是我过二十一岁生日时没有预见到这一点。我觉得自己会永远生猛下去，什么也锤不了我。——《黄金时代》

> 那一天我二十一岁，在我一生的黄金时代，我有好多奢望。我想爱，想吃，还想在一瞬间变成天上半明半暗的云，后来我才知道，生活就是个缓慢受锤的过程，人一天天老下去，奢望也一天天消逝，最后变得像挨了锤的牛一样。可是我过二十一岁生日时没有预见到这一点。我觉得自己会永远生猛下去，什么也锤不了我。——《黄金时代》

图 4.1　首尾呼应法排版模板一

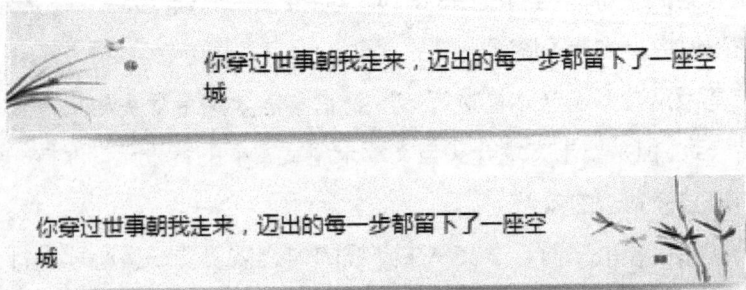

你穿过世事朝我走来，迈出的每一步都留下了一座空城

你穿过世事朝我走来，迈出的每一步都留下了一座空城

图 4.2　首尾呼应法排版模板二

Tips：首尾呼应式排版方法一般适合比较严谨的企业，想要让账号内每一篇文章都整齐划一的企业。虽然这种排版方法看起来比较整洁，但时间久了在某种程度上会给人一种遵循规律、死板的感觉。因此，对于新兴行业来讲应当慎用。

4.2　旗开得胜法

如果你仔细留意便不难发现，现在很多新媒体账号都会将文章开头的排版排得非常美观，这又是为什么呢？这种旗开得胜的排版方式又能够起到怎样的效果呢？本节就详细解析旗开得胜法排版模式。

4.2.1　旗开得胜法排版的优势

刺激阅读兴趣：不管文章内容本身好不好看，只要文章开头的排版非常美观，阅读者就会产生想要去阅读的感觉，进而对文章内容本身产生兴趣。一旦兴趣产生，难道还愁阅读者不去阅读吗？

引发好奇心：当运营人员将文章的开头设计得非常美观，很显然，阅读者将对文章产生好奇心，进而下意识地去多关注几眼。久而久之，阅读者就会持续关注。

增加美感度：众所周知，文字和图片罗列的内容大家已经看腻了。当你精心地将文章开头设计得非常美观以后，阅读者也会感觉漂亮，进而对账号产生好感。这就如同一个女孩儿打扮好自己出门和不打扮自己出门，能够收获不同效果是一样的。

4.2.2　旗开得胜法排版的规则

可能有些人会说旗开得胜法排版有这么多好处，那我在日后的工作当中就把文章的开头排版弄美观些就好了，其他地方就不用管了。如果你这么想，那就大错特错了。旗开得胜的排版方法，也有几项规则需要注意。

"旗"开得要吸睛：尽可能利用特别的文本框，将文章开头排得美观、漂亮些，要让阅读者有一种眼前一亮的感觉。在排版上，一定要抓住阅读者的眼球。

不要哗众取宠：当然，这不意味着哗众取宠。没有必要非得图文结合，或者花大力气嵌套什么动态模板。那样既耗时，又费力，不如利用几个好看的文本框，将文章开头排得整洁大方就行。

"旗"开得不要太大：并不是说要占据整篇文章的三分之二版面对这个文章的开头进行排版，也不用找那些特别占地方的文本框，将文章的第一段排得那么松散。

4.2.3 旗开得胜法排版模板

可能有些人会问旗开得胜法排版到底该怎么使用？上面所讲述的难免有些抽象，在这里笔者总结了几套旗开得胜法排版的模板，供大家在以后的工作当中参考使用，如图 4.3 和图 4.4 所示。

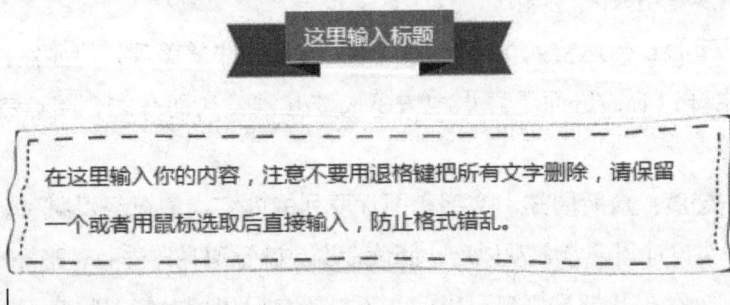

图 4.3 旗开得胜法排版模板——标题 + 文字

这样的排版比较简单，就是在编辑器当中找到一些好看的标题框和正文文本框，然后对它们进行排列组合即可。旨在让阅读者能够看明白文章的标题与正文的结构格式即可。

　　备注：这里给出的排版模式只是一个参考，只要是标题框 + 正文框叠加在一起好看，那么你的文章开头就排版完成啦！

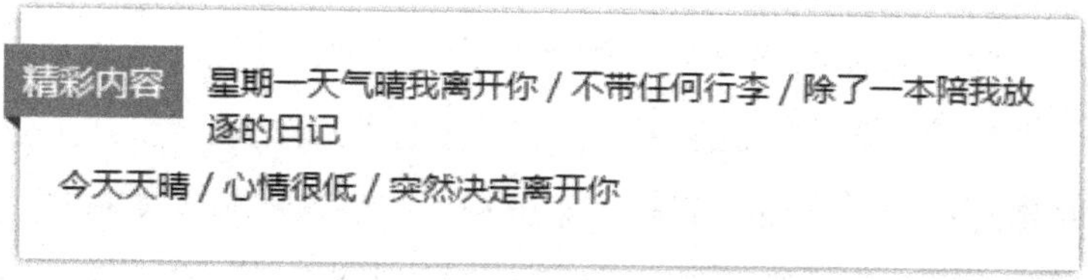

| 精彩内容 | 星期一天气晴我离开你 / 不带任何行李 / 除了一本陪我放逐的日记 |

今天天晴 / 心情很低 / 突然决定离开你

图 4.4　旗开得胜法排版模板二——开头文本框

　　这种类型的排版重点在于找到一个适合作为开头的文本框。例如，像图 4.4 这种自带小标题的文本框就非常不错。此外，还可以找一些上下结构的、带标题位置的文本框。这样，也能给阅读者一种赏心悦目的感觉。

　　Tips：旗开得胜的排版方法，比较适合开头部分囊括了主旨的文章，这样阅读者就能够第一时间阅读到题目与文章主旨。如果时间紧就会选择掠过，这样既节省了时间，又通读了全文。切记，这样的排版方法重点在于找到合适的文本框。用来开头的文本框，需要具备标题 + 正文两大部分。此外，用来开头的文本框还不应太过花哨，那样多少有种哗众取宠的感觉。

4.3　轴对称法

　　你是不是每天看着枯燥的图文排版模式有些厌倦？你是不是也想找一些新奇的排版方式，让你的阅读者眼前一亮？如果你仔细留意便会发现，现在在新媒体账号当中有一些轴对称、左右呼应的排版方法悄然流行。本节就详细介绍这种轴对称的排版法则。

4.3.1　轴对称法排版的优势

眼前一亮：在一般情况下，文章内容排版都是文字和图片。文本框也都是横向或纵向的，久而久之大家就会有一种看腻了的感觉，进而产生倦怠感。但是，如果你打开一篇文章，发现它是左右对称的，你是不是眼前一亮?

保持版面整洁：与横向或纵向的文本框相比，轴对称的文本框更加符合现代年轻人的审美观。不再像之前那样密密麻麻地排列文字，而是在段与段之间留有空隙，这样阅读者在阅读时也会感觉非常轻便。

使版面更活跃：与传统的文字排布相比，轴对称法排版更加活跃，给人一种轻松愉悦的感觉。阅读者感受到愉悦时，就会不由自主地多看两眼，进而选择持续关注你的新媒体账号。

4.3.2　轴对称法排版的规则

整体风格应统一：整篇文章的如果文本框在前边使用背景类型，在后边使用边框类型，会看起来非常凌乱。因此，一篇文章最好使用一种类型的文本框。要么使用边框风格，要么使用背景风格。总之，千万不要串换使用。

文字内容不宜过长：如果你经常编辑微信就会发现，轴对称类型的文本框是非常占地方的，往往没编辑几段话就占两三屏的位置。因此，为了不对阅读者造成干扰，必须使文章内容变短。在编辑超长的文章时，不宜使用轴对称形式的文本框。

4.3.3　轴对称法排版模板

可能有些人依旧感觉上边说的那些都比较抽象，下面笔者总结了几套轴对称法排版模板供大家参考使用，如图 4.5 和图 4.6 所示。切记，本节中给出的模板并不是唯一的，切不可生搬硬套。

① XXXXXXXXXXXXXX

XXXXXXXXXXXXXXXXXXXXXXXXXXXXXXXXXXX ②
XX

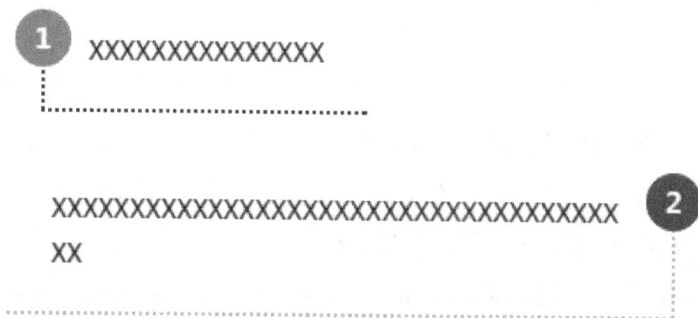

图 4.5　轴对称法排版模板一——数字式

这样的排版模式重点在于可以将一篇文章分割出若干个部分，每个部分都是对称的。这样阅读者阅读起来不会感觉很累。

图 4.6　轴对称法排版模板二——图文背景式

这样的排版模式一般适用于实体企业，有图有背景，从中间切割开来每一部分又都能成为一个独立的部分。这样，即使是企业有多个产品，也会显得非常干净。不用像以前那样逐一罗列，显得麻烦又凌乱。

Tips：从案例当中你可能会发现，轴对称法排版就是从中间切一刀，使文章的左右两部分呼应、对称。这样的排版方法能够让看惯了文字图片叠加的阅读者换一个思路，眼前一亮，进而减轻阅读障碍。

4.4　浅字居中法

当我们阅读新媒体账号文章时，你是不是也曾看到过一些账号将文章的文字颜色变浅，并且将文章内容利用特定的排版方式进行了居中？这么做有什么好处呢？为什么那么多的账号都喜欢使用这样的排版方法呢？本节笔者就详细探讨浅字居中法排版。

4.4.1　浅字居中法的优势

增加阅读观感：众所周知，白纸黑字看上去非常刺眼，尤其是在夜里，盯一会儿白纸黑字的手机屏幕后再看其他地方，眼前总会有朦朦胧胧的暗影。那么将文字调浅一些就会在很大程度上避免这样的问题，阅读者无论在什么时间去阅读，眼睛都会感觉舒服。

使版面更整洁：与花花绿绿的文本框相比，将文字整齐排列，并且行间距统一拉开，文字变浅，这样版面看起来会更加整洁，阅读者阅读时不会感觉太累。

使内容更加轻便：文字是居中显示，并且色调比较舒适，整个版面变得轻便，阅读者不会有那种铺天盖地的压力感，所以，会更有意愿阅读文章内容。

4.4.2　浅字居中法排版的规则

文字颜色不宜过浅：虽然说浅字居中法排版需要将文字的颜色调浅，但并不是说文字的色调越浅越好，也需要有一个适中的度。这个字号颜色，最好以自己能看清，看得不费劲为准。

行间距要拉开距离：因为浅字居中的排版方式一般都以文字为主，因此必须要拉开行间距，这样才能使整个版面看起来宽松、整洁，阅读起来不费力。

宁可每行显示得少，也要将文字居中：每行文字比较少可以让阅读者在阅读的时候有一种轻松的感觉。将文字集中在版面的中央，也会给人一种轻便的感觉。这样，虽然每次阅读的文字少了，但读起来却轻松了，所以阅读者就会在不知不觉中阅读完通篇文章。

4.4.3　浅字居中法排版模板

浅字居中的排版方法就是将文章的字体颜色调成深灰色，这样看起来不会那么刺眼。同时，将每行文字固定在 16 个字左右，行间距调成 1.5mm 或 2mm 就可以了，如图 4.7 所示。

到这里，可能有些人会感觉非常疑惑。在新媒体的编辑后台，其实是无法将文章每行的字数限定在 16 个字左右的，那么，他们都是用什么来编辑的呢？其实，答案非常简单。你只需要打开 Word 文档，进行字号与段前段后的设定，再复制回新媒体的编辑后台就可以啦！

Tips：浅字居中法排版可以帮助我们将大段的文字变得轻便，让阅读者不由自主地阅读完。值得注意的是，浅字居中法并不是要将文字的色调调得大家都看不见，而是要调得适中，最好是深灰色。此外，行间距与每一行的文字多少，都要做好限定，需要事先在 Word 文档中排布好。

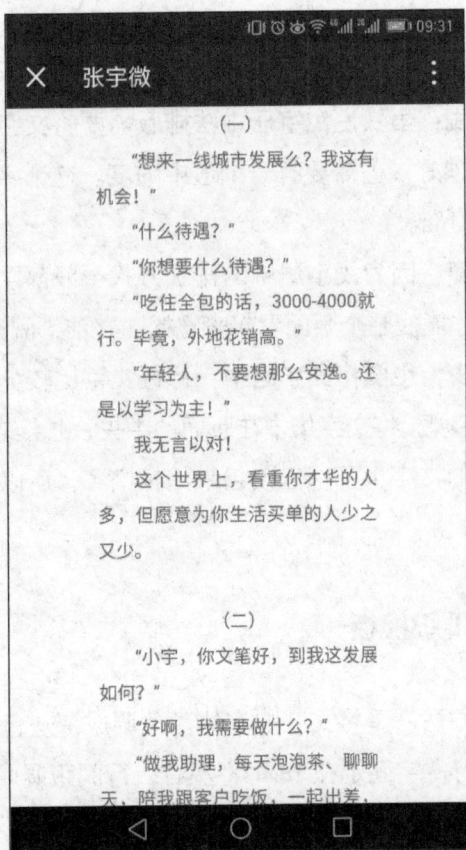

图 4.7　浅字居中法排版模板

4.5　一图一段法

当我们想要将较大篇幅的文字和较多的图片编排在一篇文章中时，到底该怎么编辑才能让内容看起来既轻便又便于阅读呢？本节就来探讨一图一段法排版。

4.5.1　一图一段法排版的优势

减轻阅读障碍：与大段的文字相比，一段图一段文字的版面更容易激发阅读者的阅读兴趣，进而将文章全部阅读完毕。而且图片还能够起到休息的作用，让阅读者在阅读完文字之余能够稍做休息，欣赏图片。

增强代入感：图片可以使长篇的文字变得灵动，使文章内容更加丰富，让阅读者既能够接收到文字信息，又能够感受到图片带来的冲击力。这在无形之中增强了代入感。

便于传播：阅读者看到一篇文章感觉不错的话，就会自发地进行传播。当阅读者打开文章时，如果有图片，就会被图片吸引。这样，就大大增加了通读全文的概率。而没有图片的文章，就不具备这样的效果。

4.5.2　一图一段法排版的规则

图片不宜过大：如果在新媒体文章中插入过大的图片，很可能出现无法加载、无法打开的尴尬。而且，过大的图片在文章当中会影响阅读。如果阅读者阅读一两屏以后看到的还是图片，就会瞬间失去兴致进而放弃阅读。因此，文章中的图片不宜过大。

图片宽度保持一致：试想一下，如果你浏览一篇文章，里面图片大的大、小的小，那么你是不是也有一种说不出的难受？将一篇文章的所有图片宽度保持一致，就是要在视觉上让阅读者有一种整齐感。

图片要清晰：为了让你的文章更加便于传播，还要将文章中的图片变得更加清晰。这样，图片在文章当中才能起到点睛的作用，让阅读者在阅读时产生一种非常舒服的感觉。

图片要与文章内容相贴近：图片与文章内容相近，阅读者更有身临其境的感觉。如果文章图片与内容毫无关系，难免有一种唐突的、莫名其妙的感觉，从而取消关注。

4.5.3　一图一段法排版模板

在一般情况下，一图一段的排版方法有 2 种形式。一种是开放式文字与图片的直接排布，另一种是利用文本框将文字与图片限定式排版。你可能感觉文字说得比较抽象，下面就将 2 种排版方法利用图片的形式展示出来，如图 4.8 和图 4.9 所示。

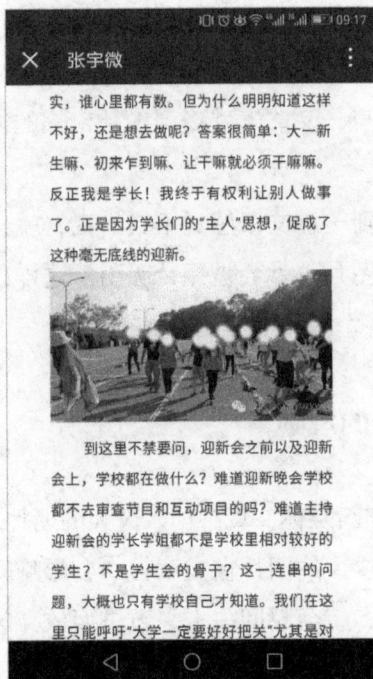

图 4.8　一图一段法排版模板一——开放式（文字 + 图片）

　　开放式的一图一段法排版比较简单，就是将图片与文字按照一段文字一张图片的形式进行排布。这样，通篇文章看起来不会那么沉重，在一定程度上可以起到缓解视觉疲劳、促使阅读者继续阅读的作用。

　　文本框限制式的一图一段法排版其实也不难，就是需要你在各种编辑器内找到适合一张图片与一段文字排布的文本框模板，然后按照文本框的限定进行排布即可，因为有了文本框的限定，所以要比开放式的方法看起来更加美观。但是有一点要注意：在套用文本框时要注意图片的尺寸，避免插入过长或者过宽的图片，使文本框走形。

图 4.9　一图一段法排版模板二
——文本框限制式

Tips：一图一段法排版一定要注意图片的尺寸，一篇文章一定要将图片规范成统一的尺寸，这样看起来才会比较整洁。除此之外，如果使用文本框的方法规范图片和文字，要注意图片的尺寸不宜过大，否则将会使文本框变形。除此之外，图片也要注意和文字内容保持一致。否则，将会失去代入感。

4.6　开放取齐法

开放取齐法在新媒体文章中非常常见，就是将文字按照新媒体后台默认的格式排布开来。有很多人认为这种方法就是没有排版。事实上，如果你仔细留意就会发现，这种排版方法也有很多小技巧，而且也需要花费一定时间进行编辑。下面，笔者就来探讨开放取齐法的利弊。

4.6.1　开放取齐法排版的优势

省时省力：可能很多企业家在通过新媒体发布文章的时候，并不是在上班时间，他们自己又没有时间和精力来排版。这个时候不妨使用开放取齐法排版，只需要将文字整齐排列即可。这样，既简单又美观，何乐而不为？

便于抢先发布：在新媒体时代信息传递的速度非常快，时间就代表着金钱。如果企业有一手消息，那么一定希望第一时间发布。不妨使用开放取齐这种最简单的方法将消息发布出去。这样，既美观、大方、又能起到抢先发布的效果，为企业的信息传播赢得时间。

4.6.2　开放取齐法排版的规则

行间距要拉开距离：开放取齐法排版要将文章内所有的文字平铺，因此为了增强阅读的体验感，有必要将行间距增大。这样，阅读起来才不会有压抑感，不会出现通篇文字密密麻麻排布，让人失去阅读兴趣的情况。

文字字号应保持在 15 号左右：文字是平铺的，因此文字字号应该保持适中。在一般情况下将字号限定在 15 号，这样每行的文字不会太多，降低阅读疲劳感，便于阅读。

文章篇幅不宜过长：试想一下，如果一篇文章洋洋洒洒几万字平铺开来，那么阅读者阅读时就会有一种压抑感，可能不会有兴趣通篇阅读。因此，文章篇幅不宜过长，一般 500 字左右为宜。

每段段首要空格：开放取齐法排版，并不是说只将文字平铺，还要注意将每段段首空两个格，让阅读者知道这是一个新的段落，增强段落层次感，便于阅读者理解整篇文章的意思。

4.6.3 开放取齐法排版模板

在这里，笔者制作了一个模板供大家参考使用，如图 4.10 所示。

作为职场新人你是否也在为搞不懂客户需

求而挠头？作为企业家你是否也总抱怨为何钱

花出去了广告效果却不尽人意？作为文案你是

否也在困惑为何客户没给我资料就让出稿？现

图 4.10 开放取齐法排版模板

图 4.10 的排版方法你只需要将行间距和段首的两个格空好就可以。值得注意的是，字号与颜色要调整到最适合的程度。在一般情况下以 15 号字、深灰色为宜。

Tips：开放取齐排版方法最主要的特点就是方便，只需要简单地将文字罗列，段首空好两个格就可以。因此，这种排版方法最适合在抢发一手消息时使用。但也有一些地方值得注意：1. 行间距要调得数值大些；2. 字号要调成 15 号；3. 字体颜色深灰色为宜；4. 段首要空两个格。

4.7 重点突出法

在编辑新媒体文章内容的时候，可能有些文章需要重点突出某一部分的内容。这个时候，我们又该怎么做呢？如果你仔细留意的话就会发现，在新媒体内容编辑器当中有很多文本框是比较适合突出文章中某一部分内容的。本节就来探讨重点突出法这种新媒体内容的排版方法。

4.7.1 重点突出法排版的优势

使文章更具层次感：重点突出法排版能够让阅读者清晰地明白哪一部分是文章的核心，哪一部分是次要的内容。这样排版后，阅读者阅读起来就能够感受到文章的层次感，进而有侧重性地阅读核心部分，对于未被突出的重点内容则会粗略地通读。

阅读更具目的性：当没有足够的阅读时间时，阅读者就会只去阅读文章当中被突出的部分，使阅读更具目的性。阅读者不用再像过去那样，通读全文后再查找分析文章的核心部分。

节省阅读时间：以前我们在阅读文章的时候，如果想要找到文章的重点，需要首先通读全文，然后找出文章的核心，这会耗费大量的时间。现在，我们在编辑的时候突出重点部分，这样帮助阅读者节省了阅读时间。

4.7.2 重点突出法排版的规则

文章中不要有过多颜色：试想一下，如果在一篇文章当中第一段是红色文本框，第二段是绿色文本框，那么阅读者在阅读时就很难找到核心部分。因此，文章中不宜有过多颜色。你只需用与其他段落不同的颜色来突出文章的核心即可。

重点部分要特别醒目：重点突出法就是要突出文章的重点，因此文章中的重点部分必须与其他段落区别开来。你可以用加大字号、使用不同颜色的文本框、将文字的颜色变红等方法将核心部分变得醒目。

重点部分不宜过多：如果文章中的重点部分过多，就相当于都是重点，阅读者也会有压力感，进而失去阅读的兴致。因此，一篇文章最好将其中的一两段作为文章的重点部分，不宜设置过多。

4.7.3　重点突出法排版模板

重点突出法排版并没有一个绝对的模板，你可以将字体的颜色变成红色、棕色等比较醒目的颜色，也可以使用文字背景、带背景的文本框来突出文章中的核心内容。

到这里可能有些人会问，到底怎样的文本框比较适合作为重点突出的背景模板呢？下面，笔者总结了一些模板供大家在日后的工作当中参考使用，如图 4.11 所示。

图 4.11 所示的具备背景颜色的文本框，最适合作为重点部分在文章当中突出显示。如果感觉单纯的背景颜色文本框比较普通，不足以突出重点内容的话，也可以选择图 4.11 下面的像小黑板一样的特殊形状的背景文本框。

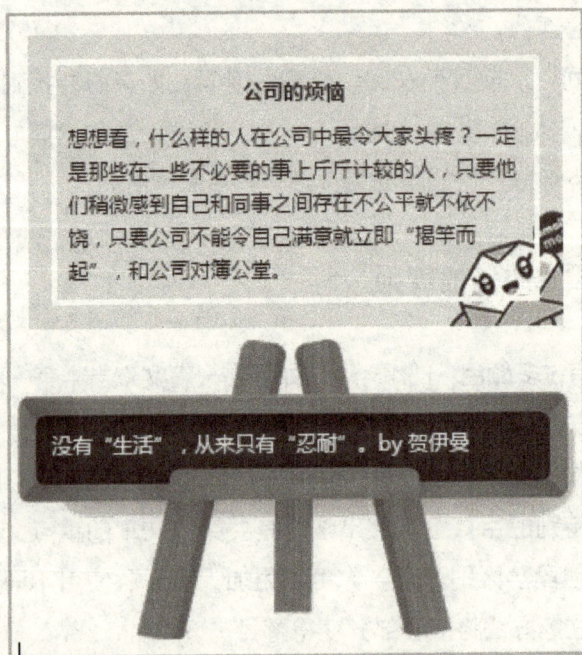

图 4.11　重点突出法排版模板

> **Tips**：重点突出法排版需要注意的就是：1. 文章中不要使用多余的颜色；2. 重点部分需要特别突出；3. 重点不宜过多。除了以上需要注意的内容，还可以用背景色文本框和特殊形状的文本框来突出重点部分。

4.8　色差突出法

色差突出法与重点突出法比较相似，都是利用重点突出的方法来突出文章的核心内容。但不同的是，重点突出法突出的是文章当中的一段或几段内容，一般使用特殊的文本框来实现。而色差突出法一般是利用字体颜色的不同进行重点突出。到这里可能会有人问色差突出法有什么优势呢？本节笔者就进行详细探讨。

4.8.1　色差突出法的优势

主次分明：将文章的重点部分利用不同的颜色突出，这样能够让阅读者一目了然，知道文章的重点内容和次重点内容都在哪里，使文章的主次更加分明，这样的排版，可以让阅读者有选择性地进行阅读。

加速阅读：当文章中有不同颜色时，阅读者就相当于拥有了向导，他可以有选择地阅读，不需要再像以前那样通篇阅读以后再筛选自己想要的内容，这在无形之中加快了阅读速度，为他们省下了很多时间。

4.8.2　色差突出法排版的规则

文字颜色不宜过多：过多的文字颜色会使文章版面看起来更加凌乱，阅读者无法找到文章的核心。这样，不仅起不到引导阅读者阅读重点内容的作用，还会使阅读者陷入误区，感觉凌乱，进而放弃阅读。

变色部分要有理有据：文章当中的变色部分应该是小标题或者一篇文章的核心部分。千万不要为了好看，而将普通段落也变色。如果这么做，只会给阅读者带来困扰，使其无法快速找到文章的核心部分，失去阅读兴趣。

4.8.3　色差突出法排版模板

色差突出法排版一般有 2 种情况：第一种是小标题变色，第二种是重点部分变色。因此，它拥有 2 种不同的模板，如图 4.12 和图 4.13 所示。

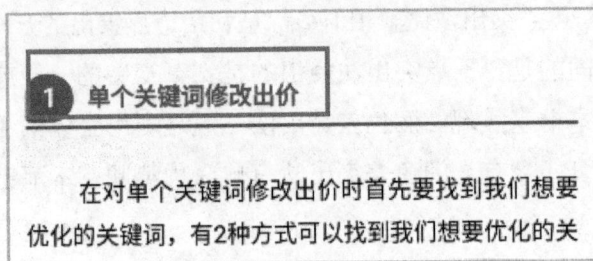

图 4.12　色差突出法排版模板一

模板一的编辑方法就是将每一段的小标题都用不同的文本框进行编辑，能够让阅读者一目了然地了解文章的段落结构，从而选择自己适合或者自己喜欢的段落进行阅读，使阅读变得更加轻松。

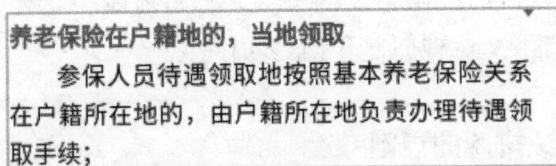

图 4.13　色差突出法排版模板二

模板二的编排方法，就是将文章的重点部分做变色处理，使文章或者每一段的重点部分突出，便于阅读者有侧重地进行阅读。

Tips：色差突出法排版是要将文章的重点部分，或者每一段的小标题进行变色处理。使阅读者在第一时间明白全文的重心在哪里，从而更加有侧重地进行阅读，省去了很多理解文章的时间。但是有一点值得注意，千万不要在一篇文章内放置过多的颜色，显得过于凌乱，不利于阅读者阅读。

4.9　无审美的万能补救法

在编辑新媒体文章内容的时候，很多人非常困惑，感觉自己既不会色彩搭配，又不会文本框搭配，往往感觉自己的编辑结果完美无瑕，但是别人一看就说难看，使他们失去了编辑新媒体内容文本的信心。如果无审美，我们又该如何编辑新媒体内容呢？本节就详细探讨这一问题。

4.9.1　无审美时该如何编辑新媒体内容

如果你真的无审美，感觉什么样的文本框都很好看，感觉怎么编辑都不丑，也不愿意浪费那么多的时间进行内容编辑，笔者就教给你几个小妙招，帮助你编辑出优雅的新媒体内容。

统一色调：无论你编辑的是什么内容，选择了怎样的文本框进行内容排版，都要将通篇设置成一样的颜色。例如，第一段使用的文本框是红色的，那么这一篇文章使用的文本框就都是红色。只有这样，才能在视觉上给人一种舒服感。试想一下，如果你身上穿了 5 种颜色出门，可想而知，谁看到你都会感觉凌乱、别扭。

统一字体：如果你不具备审美能力，那么千万不要将一篇文章的字体换得乱七八糟。如果第一段使用的是宋体 15 号字，那么就请将全篇文章的字体都设置成这样。只有这样，阅读者阅读时才能够感受到和谐。如果文章内的字号有大有小，有宋体也有楷体，还有花式字体，只会给人一种大杂烩的感觉，反而达不到吸引效果。

统一图片大小与色调：因为没有审美，就涉及不了搭配的问题，如果文章的第一张图以蓝色为主色调，那么就尽可能找一些蓝色为主色调的图。这样，整篇文章看上去更为和谐。至少，让人感觉是统一的。

拒绝添加动图：动态图片虽然让文章有生动感，但是并不能让文章看起来和谐统一。搭配好了是增分项，搭配不好往往会减分。因此，如果不具备审美能力，那么就不要轻易添加动态图片。

尽量找成熟图片使用：如果你不会搭配，也许不会自己去制作海报了。如果赶上节假日或者促销，可以找一些网络上比较成熟的图片来使用。毕竟那些海报都是专业的设计人员制作出来的，借荐使用要比自己做来得容易和美观。

找到一个文本框就一用到底：不会搭配最好的藏拙方式就是不去搭配。你选择了一个文本框，感觉很好就一用到底。整篇文章的每一个段落，都用这一个文本框来编排。这就像学校里学生都穿校服一样，一篇文章使用一个文本框，会给人一种整齐感。

4.9.2 无审美时编辑新媒体内容该注意什么

整齐：无审美首先要做到的就是整齐，要让全文的字号在每一段文本框，甚至每一张图片中都整齐划一，规范成对应统一的色调，达到赏心悦目的效果。

拉开距离：上学时就算写字再好看，将文字写得密密麻麻也会显得很乱的。因此，一定要将文章的段与段、行与行之间拉开距离。间距会在一定程度上起到修饰的作用，让人感觉比较整齐。

能借助外力就不要动手：如果没有审美，那么就不要动手去设计，能用编辑器当中给出的色彩搭配方案就不要自己去搭配。能使用网络上成熟的海报，就不要自己去设计海报。

> Tips：如果没有审美，那么就一定要做到尽可能统一，统一字体字号、文本编辑器、图片大小、通篇色调。如果你想找一些有设计感的东西，一定要从网络上找成熟的海报。

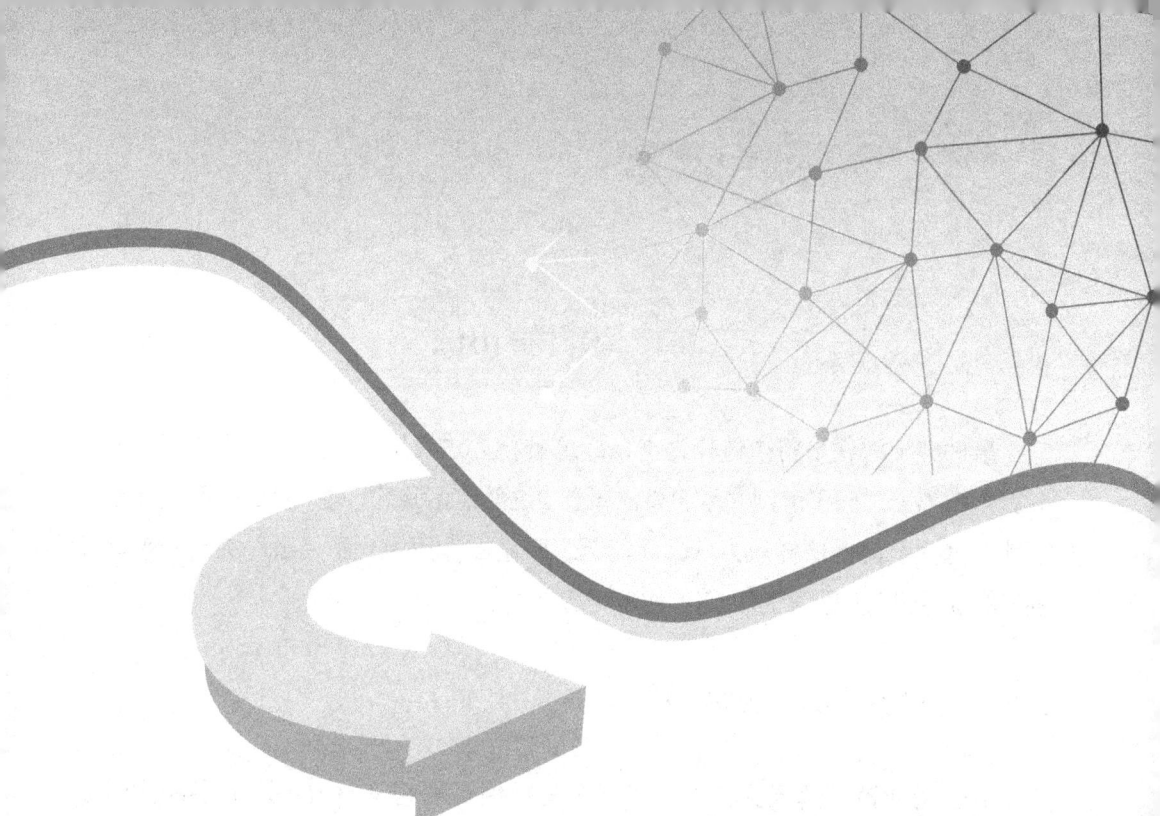

第 5 章
文章标题的吸睛方法

在新媒体平台当中有些文章有超过 10 万的阅读量，而有些文章却只有寥寥几十个阅读者。你知道这是为什么吗？本节就为你揭开这一问题的答案，告诉你文章标题的吸睛秘籍。帮助你掌握文章标题的撰写方法，赢在新媒体的运维阶段。

5.1 事件突出法

事件突出法就是将事件作为文章标题的核心进行突出，这样，阅读者在阅读时就能够第一时间了解到文章中事件概要，进而产生阅读兴趣，点击并阅读文章。可能有些人会问，这样做为什么就能起到吸睛的作用呢？利用事件突出法来写标题又有哪些好处呢？下面，笔者就来进行探讨。

5.1.1 事件突出法标题的优势

便于阅读者了解全文：事件突出法写标题是要将文章要讲述的事件体现在标题里，阅读者可以在第一时间了解到这篇文章要讲述的事件到底是什么，从而选择进行阅读，或者干脆不去阅读，而不用通读完全文才知道文章讲的内容。

便于口碑传播：当一个事件被曝光出来以后，很多人都渴望阅读到关于这个事件的详细信息，例如，事件的发展动态、关于事件主人公的爆料、名人对于这个事件的看法等。当事件在标题里呈现时，就大大方便了阅读者。阅读者会在好奇心的驱使下进行自发传播，进而形成口碑效应。

节省阅读时间：以前我们必须要读完全文才能够了解一篇文章的内容，现在在标题中就能够知道这篇文章讲的事件，这就方便了阅读者筛选也省去了大量的无效阅读时间。

5.1.2 以王经理的画展为例解析事件突出法标题

可能有些人会问，事件突出法写标题有这么多的好处，我们该如何利用事件突出法来撰写标题呢？下面，笔者就教给你事件突出法标题撰写的方法。

简单来讲，事件突出法写标题一共有两步。

1. 找到核心事件。

2. 将核心事件在标题中突显出来。

如果非要有个公式来套用的话，笔者总结了一个，供大家参考使用：核心事件 + 最新动态。

可能有些人看完上边的文字依旧感觉困惑，不知道该如何撰写。下面，笔者就以王经理的一个实际困难为例，为你解析如何利用事件突出法撰写标题。

王经理举办了一个画展，可是在展览的过程中不慎起了火，这件事给王经理企业造成了不小的损失，在网络上也传得沸沸扬扬。很多人说以后王经理的画展再也不能去参加，会带来霉运。现在，王经理通过相关部门指导和自查找到了起火原因，是因为浏览者偷偷吸烟引发的，想要通过新媒体辟谣，让大家重新拾起欣赏画展的兴致。但是，因为不知道该如何取标题，王经理一时犯了难。如果你是王经理，你该如何取标题？

根据上方提供的背景案例，王经理所遭遇的事件是"画展起火，有人说欣赏王经理举办的画展会增加霉运"，他想要辟谣的是"参加画展不会增加霉运，而且画展起火的原因是浏览者偷偷吸烟。"王经理在标题中应该突出的是画展起火的新动态。那么王经理的标题就可以拟成如下内容。

1. 爆料！画展大火事件，竟因浏览者偷偷吸烟所致！

2. 起火竟是人为，画展大火真凶拂面。

这样，阅读者在阅读时就能够在第一时间明白王经理要写的是画展起火的最新动态，点明起火原因，以及参观画展与霉运无关。

5.1.3 撰写事件突出法标题该注意什么

可能有些人会问，难道每一个事件突出法的标题都能够吸睛吗？撰写事件突出法标题时又该注意哪些方面呢？下面笔者就来详细地说明撰写事件突出法标题到底该注意哪些方面。

事件要有影响力：事件突出法标题的核心是通过事件来吸引阅读者进行阅读。那么阅读者到底对哪些事件比较感兴趣呢？没错，多数为网络的热门事件。因此，在标题中突出的事件一定要有影响力。不用人尽皆知，但至少也要有一部分人了解。

事件要反常规：如果企业并没有什么热门事件，也可以在标题当中突出一些反常规的事件来吸睛。例如，大家都认为儿童早期教育好，因此你可以写早期教育不宜过度等来吸引大家的眼球。

留点悬念给阅读者：当然，我们也有必要在标题当中留一些悬念给阅读者，可以隐藏一些事实让阅读者在文章中去寻找。要让阅读者拥有一定的想象空间，让阅读者对事件的进展、结果等部分产生好奇心。只有这样，才能够吸引阅读者打开文章进行阅读。

> **Tips**：事件突出法撰写标题，多半用于企业公关危机处理方面。这样，能够吸引阅读者阅读文章内容。当然，如果企业实在没发生什么公共类事件也不用刻意地去制造，可以找一些大家平时都在做，但却没人认为是问题的事情来撰写，从而实现提醒阅读者的目的。这样，阅读者在阅读时才能够感受到企业的真切关怀，从而对企业产生好感，有助于树立正面的企业形象。

5.2　优惠突出法

企业在新媒体平台举办活动，如果遇到节假日，很多企业在发布文章时会将礼品或者福利写在文章的标题当中。这又是为什么呢？企业这么做到底有什么好处呢？下面，笔者就来探讨优惠突出法标题的撰写方法。

5.2.1　优惠突出法标题的优势

激发阅读者兴趣：当企业将礼品与福利大大方方写在新媒体文章的标题之中

时，阅读者在第一时间想到的就是得到礼品，从而激发起他们阅读文章、参与活动的兴趣，进而，增加文章的阅读量与活动的参与度。

便于口碑传播： 如果有人告诉你哪个企业的产品比较好，你可能会不以为然。但是有人告诉你哪个企业发礼品了，你很可能会去看看。因此，企业将礼品与福利写在标题中，阅读者多数会第一时间接收到信息，当他们参与活动自发地转发时，再看到消息的人也会接收到发放礼品与福利的信息。这样，一传十、十传百，就形成了口碑。

满足阅读者好奇心： 可能阅读完文章的人都知道，文章中提到的礼品不一定能拿到手，但阅读者看到有礼物发时还会抱着试试看的态度来阅读和参与，以满足自己的好奇心。

5.2.2　以安经理的电器企业为例解析优惠突出法标题

利用优惠突出法撰写标题有这么多的好处，我们在日常生活中又该如何使用呢？下面笔者就教给你优惠突出法撰写标题的步骤与方法。在一般情况下，优惠突出法撰写标题有两步：1. 确认好所给出的优惠是什么；2. 以优惠为由撰写标题。

如果你感觉上面所讲的有些难懂，在这里笔者总结了一个撰写的公式，供大家在日后的工作当中套用：优惠 + 理由。例如，你举办的是国庆节活动，那么你的理由就是国庆节；你举办的是周年庆活动，那么你的理由就是周年庆。

为了便于理解，下面我们以安经理的红包活动作为案例来解析优惠突出法标题的撰写。

安经理经营了一家电器企业，眼看就要年终了，安经理想要通过新媒体推广的方式，吸引一批客户到店消费，为今年企业的业绩再添一把火。他想要将积压的彩电与冰箱用活动的形式发送给意向客户。但是，他却在发布活动文章时犯了难，不知道该取怎样的题目才能吸睛。如果你是安经理，你该如何撰写标题？

根据上方背景案例可知，安经理想要做的事情是：举办新媒体活动，将积压的电视与冰箱免费送给意向客户。他的活动理由是：年终。因此，安经理的活动标题就可以写成如下内容。

1. 年终钜惠！仅需动动手指，彩电、冰箱就是你的！

2. 冰箱、彩电大放送，参与年终活动好礼不断！惊喜不断！

这样，阅读者会第一时间接收到企业要进行年终活动，同时又要送彩电与冰箱的信息。进而激发阅读者参与活动的兴趣，自行地帮助企业进行宣传。

5.2.3 撰写优惠突出法标题该注意什么

礼品一定要让人有动力：这样的标题利用优惠来吸睛，因此标题中所提到的礼品一定要有吸引力。一定是阅读者想要去买而又由于种种原因没有去买的。只有这样，阅读者在阅读以后才能够产生参与活动的动力。

一文只突出一个礼品即可：试想一下，如果标题中提到了四五个礼品，你也会感觉非常乱，不知道企业要说什么。因此，就算企业打算送再多礼品，在标题当中也应该只突出一个最贵重的礼品。

语气要肯定不要犹豫：既然企业要送礼品，就一定要大大方方地送，在撰写标题时语气就应该坚决。不要给阅读者一种想送又不想送，犹豫不决的感觉。如果阅读者在阅读时感受到犹豫不决，很可能会拒绝阅读，不去参与活动。

Tips：优惠突出法撰写标题，就是要将企业所要发送的优惠在标题当中突出出来。这样，阅读者就能够在第一时间激发起参与活动的兴趣，进而自发地进行传播。这种标题的吸睛点是优惠，因此做活动时给出的优惠一定要足够大，态度足够坚定、真诚，才能吸引阅读者参与。

5.3　观点突出法

对一件事一百个人有一百种看法。为了吸引阅读者的目光，近年来有很多新媒体账号悄然地将自己的观点融入在文章的标题当中。这么做有哪些优势呢？本节就来进行详细探讨。

5.3.1　观点突出法标题的优势

使账号变得生动：与单纯的发布文章相比，在标题中突出观点更能让阅读者感受到账号的立场及看法。这样的账号在无形之中就变得有血有肉，变得生动。阅读者能够感受到账号背后，运营人员的良苦用心及情绪变化。

便于吸睛：如果你对一件事情感觉非常气愤，这个时候刚好有一个账号发布了类似观点的文章，表明和你一样的态度与看法。此时这篇文章与你产生共鸣，进而促使你打开文章进行阅读。因此，将观点突出在文章的标题当中，更能够起到吸睛的作用。

增强互动性：如果账号只是发布一件事，很显然，阅读者在阅读时也不会感受到什么特别的，往往就不会去阅读。但是，当账号将观点突出在文章标题中时，这篇文章就相当于与阅读者进行了互动，文章中的观点及情绪能够第一时间传递给阅读者，进而吸引其阅读。

5.3.2　以李先生遭遇的欺诈事件为例解析观点突出法标题

可能有些人会问，在标题当中突出观点有这么多好处，我们在实际操作中又该如何利用观点突出法撰写标题呢？在这里，笔者总结了观点突出法标题的撰写步骤供大家参考使用。

1. 找到适合传播的事件（或非常规，或吸睛，或是热点事件）。
2. 写出自己的观点（观点要宣传正能量）。

笔者在这里总结了一些模板，供大家在日后的工作当中参考使用。

观点 + 事件（这里的观点是吸睛的重要部分。因此，一定要写出情绪，生气就表明气愤，快乐就表明愉悦）。

事件 + 观点（可以写在标题开头的事件一般都是比较吸睛的，重心在事件）。

下面，就让我们以李先生遭遇的诈骗事件为例，解析如何利用观点突出法撰写文章标题。

李先生经营了一家超市，最近遭遇了诈骗事件，有人在结款时故意用了假钞，仔细一想让人非常气愤。他决定在自己的新媒体账号中将这个消息发布出来，提醒更多的人不要上当受骗，但是在为文章标题取名时犯了难。如果你是李先生，你该如何为这篇文章的标题取名呢？

根据上方的背景案例可知，李先生遭遇的事件是"收到了假钞。而且，还是有人故意在结账时翻来覆去倒钱导致自己不注意收到的。"李先生的态度是"气愤"。李先生想要做的事情是"将亲身经历发布成文提醒更多人不要上当受骗"，因此李先生的文章标题可以写成如下内容。

1. 郁闷！近期又有一批假钞流出，你可千万要注意！
2. 假钞又开始流行，你可千万要谨慎！

在上面给出的标题 1 当中"郁闷"是李先生的态度，"千万要注意"就是李先生的观点。而在给出的标题 2 当中，千万要谨慎便成为了观点，假钞又开始流行就是吸睛的事件。

5.3.3 撰写观点突出法标题该注意什么

所撰写的事件一定要真实：不管你写什么事件，无论你想要对什么样的事件发表看法，都一定要注意事件的真实性。你所讨论的事件一定要真实可靠，切切实实地发生又产生了一定影响力，千万不能凭空捏造。

观点一定要明确：观点突出法的奥义，就在于明确地表达观点。你对一件事赞赏就是赞赏，批评就是批评。千万不要模棱两可，让阅读者摸不着头脑。那样阅读者便很难在情感上与你产生互动。

不要夸大事实：现在有很多新媒体账号因为要吸睛，就将事实夸大。本来这件事的影响没多大，但是被写在标题上，就是一种非常不好的现象，久而久之，阅读者明白过来时，只能感受到欺骗进而取消关注。因此，我们在撰写时也一定要遵循事实本身，不要因为自己的态度而对事件进行夸大描写。

> **Tips**：观点突出法标题撰写意味着观点是吸睛的重点，一定要在标题中明确地表达自己的态度与观点。其次，还应注意社会影响。千万不要因为自己的一时气愤，而在无形中对事情本身进行夸大描写，那样只能起到副作用。

5.4　数据突出法

不知道你是否留意过，现在很多新媒体账号开始将数据表现在文章标题上，进而起到吸引阅读者阅读的作用。本节就来详细探讨数据突出法标题撰写的奥义。

5.4.1　数据突出法标题的优势

满足盲从心理：如果有人让你买一件东西，你可能不会去买。但是有人告诉你这件东西公众人物家里有，你亲戚家里也有，那么你就可能会看看是什么，进而也购买一件。这就是阅读者的盲从心理。将数据展示在标题当中，就是在刺激阅读者的盲从心理，进而激发其购买欲。

便于真实呈现事态影响力：针对一件事情，如果别人只是和你描述这个事情有多大的影响力，你可能不会太注意。但是一旦将真实的数据呈现出来，再告诉你这个事情的影响力，你也许会提高警惕。这可以说明，将真实数据呈现出来更加便于呈现事态的影响力，让阅读者拥有一个直观的感受。

5.4.2 以刘经理的木门企业为例解析数据突出法标题

既然数据突出法有这么多好处，我们在日常工作中又该如何利用数据突出法撰写标题呢？在这里，笔者总结了一个撰写步骤，供大家在日后的工作当中参考使用。

1. 调研分析，找到真实数据。

2. 将真实数据与事件相融合。

3. 适当添加一些惊叹类词汇。

为了更加直观，下面笔者总结了一些数据突出法标题的模板供大家参考使用。

1. 警示词＋数据＋事件。

2. 数据＋事件。

3. 事件＋数据＋事件。

还是没有完全理解？那么让我们以刘经理的木门企业为例，详解数据突出法在撰写标题时的实际应用。

刘经理经营了一家木门企业，现在有一批新型气味锁木门上市，虽然已经通过 50% 的老客户回购，并且帮转介绍卖出去了很多，但他还是想通过新媒体的方式打入市场。如果你是刘经理，你该如何为自己的木门企业拟定新媒体营销文案标题呢？

根据上方背景资料，刘经理经营的是一家木门企业，他想要主打的产品：气味锁木门。营销现状：已经有 50% 的老客户回购，并且帮转介绍。因此，他的营销标题可以写成如下内容。

1. 50% 的老客户都在介绍宣传，××× 木门你的品质生活首选！

2. 50% 的老客户都在使用气味锁木门，再不尝试就 OUT 啦！

备注：上方标题 1 当中的 ×× 可以写木门品牌。

上方所给出的标题 1 主要是在宣传木门有多少老客户愿意帮转介绍，突出企业品质在老客户心目中的地位。标题 2 则是在突出有多少老客户在用，激发阅读者的从众心理，进而选择购买。

5.4.3　撰写数据突出法标题该注意什么

严把数据来源关：不管你是通过怎样的方法将数据搜集起来的，都要严把数据来源这一关。如果是直接获取数据，那就一定要找到大型的门户网站来摘选。如果是企业自己实地调研，那么就一定要切切实实地去收集真实的反馈。只有这样，才能让数据变得更加精准。

数据不宜使用过多：在标题当中使用数据不宜过多，在一般情况下使用一组就可以了，没必要将过多数据全部排布在标题当中。

> Tips：数据突出法撰写标题重点在于数据的准确性，一定要找一些大型的门户网站来摘选数据。如果是自己实地调研，那么应该去找一些真实的客户去填写问卷，而非凭空捏造。只有这样，才能最大限度地增强数据的可信度，起到引导阅读者产生购买行为的作用。

5.5　正话反说法

在当下一个讲求个性的时代，每一个人都更加讲求独特性。不知道你发现没有，一些长辈们经常挂在嘴边的话很多人都不爱听，但是当有人站在你的角度将这些话用叛逆语言说出来的时候，似乎更容易被人接受。本节就教给你利用正话反说法来撰写标题。

5.5.1　正话反说法标题的优势

更容易引发共鸣：正话反说，就是站在阅读者的角度将这些话说出来。因此，这些话更加贴近阅读者的心理。阅读者读到这些话的时候，会在第一时间产生共鸣，进而点击进去阅读通篇文章。

吸引年轻人群：正话反说，一般都会使用一些叛逆的语言，更加轻松幽默。因此，备受年轻人群喜爱。要知道，年轻人才是未来的消费主力。

便于广泛传播：对于富有个性的事情，以及人们口中想说却不敢说的事情，大家往往在心底都有一种支持的情感。在这种情感的驱使下，阅读者便会不自觉地进行传阅，这就在无形之中为企业进行了宣传。

5.5.2 以张先生的街舞社为例解析正话反说法标题

正话反说这种标题撰写方法，没有一个标准的模板供大家来参考，它的重点在于反说所站的角度是否与大多数阅读者保持一致。例如，很多人在抱怨上班辛苦，这个时候你却说"上班其实快乐，赚得多，离家近，又很轻松"，很显然，大多数阅读者是无法和你产生共鸣的。

因此，正话反说一定要站在大多数人的角度来说话。可以讲得非常叛逆，但是当阅读者通读完全文以后，就必须要让他们感受到正能量。这才是正话反说法标题撰写的奥义所在。

如果你感觉上面的文字太抽象，还是不懂怎么写，下面以张先生的街舞社为例解析正话反说法标题的撰写方式。

张先生经营组建了一家街舞社团，社团经常在国内外参与比赛。现在张先生想要通过新媒体这种渠道扩大宣传，吸引更多的孩子加入进来，但却在取文章标题的时候犯了难，他不知道该怎样写标题才能够赢得年轻人的支持，进而自行转发。如果你是张先生，你该如何写标题呢？

根据上方背景案例分析，张先生经营的是一家街舞社，他想要达到的目的是通过新媒体吸引更多孩子加入到街舞社当中来。那么，在取文章标题时就应该站在孩子的角度。

试想一下，孩子跳街舞，尤其是中小学生跳街舞，家长会有什么反应？没错，很多家长会担心影响学习，而且还有家长会误解学跳街舞就是不学好。因此，张先生的标题还应该起到反驳家长这些误解的作用。综上所述，张先生的标题可以写成以下内容。

1. 守在课桌前死学并不是最佳的培养方式!

这样的题目旨在提醒家长一味死学只能让孩子成为大胖子,呼吁家长关注学生的思维灵活性以及身体的健康程度。让孩子在跳舞的同时,使身体变得健康。通过跳舞进行减肥,同时活络思维,帮助更好地完成学业目标。

当孩子看到这个标题时,也会感觉好像是把自己的心里话说出来了一样,进而选择学习街舞,锻炼身体。

2. 学不好是因为从未玩儿好。

这样的标题旨在告诉家长,应该给孩子一个自由的玩儿的空间。事实上,玩儿也是锻炼思维、开发智力的事情。如果孩子玩儿都找不到好的方法,那么学习很有可能找不到好的方法,从而会让孩子更加劳累,家长更加疲惫。

当孩子看到这个题目时,也会感觉如同找到了知音,进而选择在这里学习街舞。

5.5.3 撰写正话反说法标题该注意什么

标题语言不宜过度叛逆:虽然正话反说法是要利用叛逆的语言将一句话反着说出来,但语言千万不要过于叛逆。如果语言上具有煽动暴力或者能够造成其他不良后果的影响,那么就会触及法律或道德底线,违背了站在阅读者角度进行规劝,宣扬正能量的初衷了。

找准撰写的角度:这样的标题核心就是找好撰写的角度。一定要清晰地认识到这篇文章到底是给谁看的,想要为谁发声,想要引起谁的共鸣,怎么写才能引起这部分人的共鸣,怎样才能将这部分人想说而又没说的话全部说出来。

Tips:正话反说这种标题的撰写,关键在于找好撰写角度。要清楚地知道这篇文章是给谁看的,想引起谁的共鸣。然后站在这些人的角度,利用他们的口吻将他们想要说的话说出来。只有这样,才能够引起共鸣,进而实现让他们帮助你转发、传阅信息的目的。

5.6　热词夹带法

当我们打开新媒体平台的时候，你是否留意过很多账号都喜欢将近期的热词或者热门事件写在标题中呢？本节笔者就和你探讨热词夹带法标题的撰写方法。

5.6.1　热词夹带法标题的优势

提高文章搜索率：众所周知，当新的网络热词开始流行，或者一个社会事件被引爆之后，就一定会有很多人去搜索这些。这个时候，企业在文章标题内植入这些信息，就可以在一定程度上起到借势的作用，通过提高文章的搜索量间接提升阅读量。

刺激阅读者阅读：如果文章说一件非常普通的事情，可想而知，一定没有多少人来关注。但是如果在文章标题当中植入了热点词汇（简称热词）和热门事件，那么就会引起阅读者的好奇。抱着猎奇的心态，他们很有可能会下意识地打开文章进行浏览。

树立品牌形象：企业将时下热词和热门事件植入到标题当中，也在侧面反映了企业持有对社会热点较为关注、与时俱进的态度。这样，企业的形象就在无形之中树立起来，大大增进了阅读者对企业的好感度。

5.6.2　以柳女士的婴泳中心为例解析热词夹带法标题

可能有些人会问热词夹带法在日常工作中该如何运用呢？利用热词夹带法撰写文章标题的思路又是什么呢？下面，笔者就来进行详细解析。事实上，热词夹带法撰写标题非常简单，重点就在于你必须要了解都有哪些时下的热词以及热门事件，然后将这些热词或热门事件融入标题中就可以了。

如果非要总结一个模板进行套用的话，可以套用以下模板。

热词＋想要说明的事件。

你可能感觉上面的文字比较抽象，下面就让我们以柳女士的婴泳中心为例，解析热词夹带法在日常工作当中的应用。

柳女士近期开了一家婴泳中心，虽然在所在区域非常出名，但她依旧想要通过新媒体平台来进行推广，吸引更多的宝妈、宝爸带孩子来游泳，开发儿童智力，但是，却不知道该如何发布营销文章，不知道营销文章的标题该如何撰写。如果你是柳女士，你知道该如何撰写新媒体营销文章的标题吗？

根据上方背景案例显示，柳女士想要做的事情：通过新媒体渠道推广婴泳中心。那么当下有什么热词呢？我/你可能××了假××。那么柳女士的营销标题可以写成如下内容。

你可能带娃游了假泳！婴儿游泳这么游才正确！

5.6.3　撰写热词夹带法标题该注意什么

对热词要有详细了解：在标题当中夹带热词，一定要明白所夹带的热词到底是什么意思。千万不要还不懂这个词语的意思，就硬生生地写在标题当中。那样只会造成应用的情景不对，进而贻笑大方。

一个标题中夹带一个热词即可：热词一般都是抒发情感所用。因此，最好一个标题当中只使用一个热点词汇，这样才不会造成喧宾夺主。

对时下社会热点持续关注：既然是在标题中使用热点词汇或热门事件，就一定要对时下的社会热点持续关注。只有这样，你才能够做到与时俱进，将近期的热点词汇和热门事件融入文章的标题当中。

Tips：热词夹带法撰写标题就是要保持与时俱进，弄清楚时下的热词真实的含义。这样，才能将热词使用得恰到好处。如果只是一味在文章标题当中堆砌热词，只能造成阅读者的阅读困难，进而使其放弃阅读。

5.7 设置悬念法

你在浏览新媒体内容时是否留意过这样的现象，很多文章的标题都抛出了一部分事实，但却不告诉你最终的答案？也有一些文章在标题中就抛出了事件结果，但却不告诉你是什么原因导致的。这么写标题有什么好处呢？下面，笔者就来进行详细探讨，解析设置悬念法这一文章标题撰写方法的优劣。

5.7.1 设置悬念法标题的优势

刺激阅读需求：阅读者只看到了事件结果，或者只看到了部分事实之后，就一定会对被隐藏的那部分事实拥有好奇心，渴望知道被隐藏的那部分事实是什么，进而，在这种好奇心的驱使之下打开文章，进行阅读。这就在无形之中刺激了阅读者的阅读需求。

给予阅读者想象空间：一件事情，如果告诉了你结果，你还有期待和幻想吗？当然不会！因此，在标题中设置悬念更加能够引起阅读者的幻想。他们带着幻想对另一部分事实保持好奇心，就会下意识打开文章进行阅读。

5.7.2 以王经理的健身企业为例解析设置悬念法标题

设置悬念法很好理解，就是通过一部分事实来设置疑问，激发阅读者的阅读兴趣。那么我们在撰写文章的时候又该如何操作呢？下面，笔者就为你进行详细的解析。

例如，你要撰写的是"长期不正确长跑可能损伤半月板"这个事实。那么你就可以隐藏"长期不正确跑步"这个事实，然后将文章标题取成：注意啦！长期这样做竟能损伤半月板。阅读者来阅读时，就会下意识地去思考到底做什么能损伤半月板，进而对被隐藏的事件产生好奇，打开文章进行阅读。

到这里，你可能已经总结出来，设置悬念法这种标题撰写思路的模板如下。

警示语 + 导致的结果。

> Tips：警示语起到的是引起阅读者注意的作用，如果感觉多余可以不在标题中应用。

下面就让我们以王经理的健身企业为例，解析设置悬念法标题的撰写方法。

王经理经营了一家健身企业，所以他了解很多关于健身的专业知识。现在他想通过新媒体平台将这些知识分享出去。但是在发布文章时犯了难，他不知道该如何为文章标题取名才能最大限度地刺激阅读者阅读。如果你是王经理，你该如何做呢？

根据上方背景案例显示，王经理经营的是一家健身企业。并且，他了解很多关于健身的专业知识，还想将这些专业知识通过新媒体平台分享给更多的人。那么，我们首先应该思考：健身知识都有哪些？不正确地健身会有哪些危害？

1. 过度训练会造成肌肉损伤。

2. 健身场馆不正规会对身体造成伤害。

3. 盲目选择健身器械，浪费时间又无法达到健身效果。

我们找到这些事实以后，就可以撰写新媒体文章标题了。因此，王经理的新媒体文章标题就可以写成如下内容。

1. 这样训练，可能使肌肉损伤。

2. 健身有时也会伤身，这些小事应重视。

3. 专业健身也会伤身，这样做才正确！

> Tips：在这里我将结果抛了出来设置悬念。只有这样，才能够起到吸引阅读者的作用。

5.7.3 撰写设置悬念法标题该注意什么

事实本身要真实：一定要选择一些真实发生的事情来撰写，这样才可以在标题中适当地设置悬念，才能够让阅读者对结果真正重视起来。如果一味地设置悬念而又不去考虑事实的真实性，那么阅读者在得到答案时就会产生一种被欺骗的感觉，进而失去阅读兴趣。

要注意将结果突出：阅读者只有知道了结果，并且知道这个结果可能不是我们想象的样子，才能够产生阅读兴趣，然后通读全文，在文章当中找到自己渴望看到的答案。

字数不宜过多：文章标题关键在于言简意赅，要让阅读者一眼就能够读懂到底在讲述什么，我想要寻找什么。这样才能够起到刺激阅读者阅读的作用。如果标题文字过多，只会让阅读者在理解标题内容上浪费过多时间，进而失去阅读文章的兴趣。

> **Tips**：设置悬念法，重点在于突出结果，让阅读者产生联想，进而主动去寻找答案。因此，我们遮盖的事实本身一定要真实，只有保证了事实的真实性才能够让阅读者不至于有受骗的感觉，进而持续阅读账号其他文章。此外，为了起到警示和刺激阅读的作用，还可以适当地在标题当中添加一些警示或者震惊类的词汇。

5.8 情怀感召法

当我们每天被各种营销文章压得喘不过气时，当我们每天忙忙碌碌感觉无人理解时，你是不是也渴望在新媒体平台看到一篇文章，能够说出你的心里话？或者勾起你对于小时候或一些特殊年代的记忆？本节就来探讨情怀感召法这种标题的撰写方法。

5.8.1　情怀感召法标题的优势

引发共鸣：当有人说出你小时候吃过的零食，或者你小时候也经历过的一些事情时，你会有什么感受？没错，就是第一时间回想起那些年的那些事，进而在心里产生共鸣。你会感觉这个账号的笔者与我离得很近，进而产生归属感。

营造身临其境的氛围：因为标题当中讲述的一般都是我们在过去经历过的一些事情，那么阅读者在阅读时就会产生联想，进而产生身临其境的感觉。当阅读者在这种氛围下，在一般情况下大多数人都会通读全文。

便于互动传播：因为文章标题中明确地告知讲述的是我们那个年代的事情，或者我们那个地区的事情，所以，作为当事人你会下意识地打开文章去阅读，进而在情怀的感召下，将文章转给身边的朋友。如果朋友刚好也是当事人，那么他也会下意识地转出去。这样就在无形之中增加了文章的互动传播度。

5.8.2　以李经理的雪糕企业为例详解情怀感召法标题

既然情怀感召法有这么多的好处，我们又该如何利用情怀感召法来撰写标题呢？下面，笔者就和你进行详细的探讨。在讲授方法之前，我想要问一个问题：到底怎样的东西能够引起人的回忆呢？没错，一定是旧时代、过去的人和物件、故事。

我们可以以这些为核心来撰写文章标题。在一般情况下，情怀类的文章标题拥有以下几个模板。

1. 80 后、90 后、00 后，都一定见过……

这样的标题核心在于 ×× 后，一定要找到一个时代的人都去做过或者都见过、吃过、经历过的东西。这样，才能够引起那个时代人的共鸣和回忆。

2. 那些年，你是不是也 ×××××。

这是一种不限定时间的标题，它的核心在于做过的事情。写这样的标题时一定要找大众普遍做过的事情。例如，那些年你是不是也吃过红旗雪糕？或者那些年你是不是也被老师这样吓唬过？

3. ×× 族（学生、老师、加班），一定会经历这些无奈。

这种标题的核心在于找到一个特定人群都在经历的一些无奈。写这样的标题，一定要源自亲身实践。这样，才能够引发阅读者的共鸣，进而通读全文。

4. ××人（北京、东北、南方），你一定懂……

这是以地域为圈定的一种标题，重点在于找到某一地域人都在做的事情。通过地域特性来引起特定地域人群的共鸣。例如，东北人，你一定懂得为什么洗澡堂不能有单间。

到这里，可能有些人依旧感觉上边的文字有些抽象。下面就让我们以李经理的雪糕企业为例，深度解析情怀感召法标题撰写的应用。

李经理经营一家雪糕企业，现在想通过新媒体平台推出一批怀旧情怀类雪糕，有大家小时候都吃过的刨冰口味、大白梨口味、酸角口味、冰糖葫芦口味等。但是他不知道该如何撰写标题才能吸引大家的关注。如果你是李经理，你该如何来撰写文章标题？

根据上方的背景案例我们可以得出：李经理是一家雪糕企业负责人，现在有一批怀旧口味的雪糕上市，分别为刨冰口味、大白梨口味、酸角口味、冰糖葫芦口味等。在这里，我们应该思考：什么样的人会记得这些口味？没错，一定是70后、80后、90后们。他们小时候几乎都会攒钱来买这些东西吃。

所以，李经理的文章标题可以写成如下内容。

1. 这些味道，只有80后、90后才懂！

2. 90后注意！你小时候那个熟悉的口感又回来啦！

5.8.3　撰写情怀感召法标题该注意什么

一定要找共性： 情怀感召法标题一定要找到一群人的共性，只有大家都经历过，才能引起共鸣。如果你所说的事物并不是所有人都经历过的，那么阅读者阅读起来就不会感同身受，更不会为你自发传阅了。

一定要找标志性事物： 例如，旧时代的家里都有缝纫机，那么这个缝纫机就是标志性事物。你一定要找到时代的标志性事物，才能起到情怀感召的作用，进而在心底与你产生共鸣，形成引爆。

圈定的人群要具备基数：无论你圈定的人群是什么阶层，什么年龄段，一定要记得所圈定的人群必须要具备一定基数。只有这样，才能够起到口碑宣传的作用。如果你圈定的是小众人群，那么你的文章也就只能被这一小群人传阅，只能引起这一小部分人的共鸣，自然也就达不到引爆的效果了。

> **Tips**：利用情怀感召法撰写文章标题就是要引发一部分人的共鸣，进而刺激这部分人自行传阅。因此，你所找的事物就一定要具备共性和标志性，使一个时代的人一看就能联想到什么或切身经历的事情。这样，才能够引起共鸣。

5.9　权威解析法

在浏览新媒体账号文章时，你是否发现过很多以人名或者职务名称开头的文章标题？你知道这些账号为什么要以这些作为标题吗？这么做又有哪些好处呢？下面，笔者就和你详细探讨权威解析法标题撰写方法。

5.9.1　权威解析法标题的优势

增加说服力：正所谓"远道的和尚好念经"，当一个知根知底的朋友劝你不要做一件事时，你很可能不会听。但是当一位专家也告诉你，有些已在你计划内的事情不能去做，那么你很可能就不会去做。权威解析法标题撰写方法更能够增加说服力就是这个道理。

增强好感度：在一般情况下，企业都站在第三方的角度来撰写这种文章标题。这大大减轻了企业想要通过文章来进行宣传的嫌疑，进而，在无形之中就增加了阅读者对账号的好感度。

树立权威形象：既然专家肯为账号发声，那就意味着这个账号背后企业的实力不容小觑。因此，当账号发布了很多专业性知识以后，企业的权威形象便在无形之中树立起来了。

5.9.2　以张经理的鞋业企业为例解析权威解析法标题

权威解析法这种文章的撰写方法该如何在实际工作中运用呢？下面，笔者就教给你利用权威解析法来撰写文章标题的思路。

1. 找到一个可以热议的事件。
2. 找到权威专家关于这一事件的评论。
3. 利用专家的口吻将事件说出来。

是不是感觉看上面介绍的思路没什么灵感？没关系，在这里笔者也总结了一些权威解析法标题的模板供大家参考使用。

专家×××称+事件。

这种标题的前半部分一定要写出专家的名字、职称，只有这样阅读者才能够感受到这个专家的权威性，进而选择阅读与相信。

下面，让我们以张经理的鞋业企业为例，针对权威解析法标题撰写方法进行详细阐述。

张经理经营了一家鞋业企业，现在有一批超轻鞋需要通过新媒体平台打入市场。为了验证超轻鞋对人体的益处，他找到了专家A。专家A经过多次实验得出：鞋子轻可以减轻走路的疲劳度。如果你是张经理，你该如何拟定新媒体文章标题？

根据上方提供的背景案例可知，张经理想要推出超轻鞋。他找到的专家A经过实验得出了鞋子轻可以减轻走路的疲劳度。因此，张经理的新媒体文章标题可以写成如下内容。

重磅！专家A称：鞋子越轻走路的疲劳感越小。

5.9.3　撰写权威解析法标题该注意什么

保证专家的真实性：既然是权威解析法，就一定要咨询或者找真正的专家来对事情进行讲解。千万不能找一些假冒的专家，那样当日后被揭穿时，只会为自己的企业带来负面影响。因此，一定要保证专家的真实性以及权威性。专家所在的单位、职称，都要真实可靠才行。

对专家所说的事情负责：既然阅读者是看了文章标题、听了专家的话才选择相信企业的，那么，作为企业就一定要对专家所说的话负责。一定要确保自己的产品可以像专家说的那样，切实起到作用。只有这样，企业和专家才能够被阅读者信任，进而长久发展。

站在第三方角度撰写：撰写权威解析类的文章标题，一定是找一个专家，或者说出一个专家的观点。因此，撰写的角度一定要中立，千万不要感情用事，偏袒企业。那样，只会让阅读者感受到专家的不单纯，进而察觉到这是一条推广广告。

> Tips：利用权威解析法撰写文章，就是要以专家的口吻告诉大家一些事情。因此，一定要保证专家身份的可靠性以及专家所说事情的可靠性。只有这样，阅读者在听信后才不会有被欺骗的感觉，进而持续追逐企业。当然，在撰写标题的时候要站在第三方的角度来写，让阅读者感受到中立性。

5.10　警示告知法

你浏览新媒体文章时，是不是也会时不时地看到一些诸如郑重声明、紧急通知、一定注意等字样开头的标题？你知道这些文章为什么要以这样的词汇作为开头吗？这种警示告知法标题又有哪些优势呢？下面，笔者就来进行详细探讨。

5.10.1　警示告知法标题的优势

引起重视：如果平常有人跟你随便说一件事，那么很可能就会被你忽视，但是如果有人非常激动地或者刻意提醒你一定要注意一件事，那么很可能你就记住了。因此，在文章中添加一些诸如警示类的词汇，能够起到引起阅读者重视的作用。

提醒告知：在文章的标题当中植入一些警示类的词汇，还能够起到提醒告知的作用。在一定程度上可以引起阅读者的重视，进而刺激阅读者进行阅读。

5.10.2　以李女士的花店为例解析警示告知法标题

警示告知法标题的撰写方式该如何在实际工作当中应用呢？下面，笔者就教给你警示告知法标题的撰写思路。

1. 找到适合提醒与传播的事件。

2. 在标题当中添加警示类词汇进行编写。

在这里，笔者总结了一些警示告知类标题的模板供大家参考使用。

紧急通知 / 注意啦！ ＋事件。

下面就以李女士的花店为例解析警示告知法标题的撰写方法。

由于李女士经营花店的缘故，她了解了很多关于花店的常识。她发现很多人都错将不适合放在室内的花养在了卧室，这样会引起人身体不适。所以，李女士想在自己的新媒体账号当中发布一个提醒类的文章，提醒大家选择适合的花卉摆在卧室。如果你是李女士，你该如何拟定文章标题呢？

根据上方的背景案例可知，李女士想要做的事情是提醒大家有些花卉不适合养在卧室，会造成人体不适。那么李女士的标题可以拟成如下内容。

1. 注意啦！这些花不适合养在卧室。

2. 紧急通知！这些花养在卧室会致病。

5.10.3　撰写警示告知法标题该注意什么

不要凭空捏造：撰写警示告知类的标题切忌凭空捏造，如果你没有发现什么切实能够提醒阅读者的事情，那么就放弃这种标题。一定不要杜撰，那样只会制造紧张气氛，甚至触及法律。

与生活息息相关：警示告知类的标题内容一定要与阅读者的生活息息相关，这样阅读者才能够产生共鸣，并给予重视，进而产生阅读文章的欲望，甚至自行转发。

确保事件本身的真实性：无论你想要告知阅读者什么样的事情，一定要确保事件本身的真实性，使阅读者对你的账号产生信任感，进而对账号持续追逐。

Tips：虽然警示告知类的文章比较吸睛，但是在撰写时要保持冷静，千万不要凭空捏造，所提醒的事情一定要与阅读者的生活息息相关，而且要确保真实性。因此，这就需要标题撰写人员切实、悉心观察生活，进而学会总结与归纳。

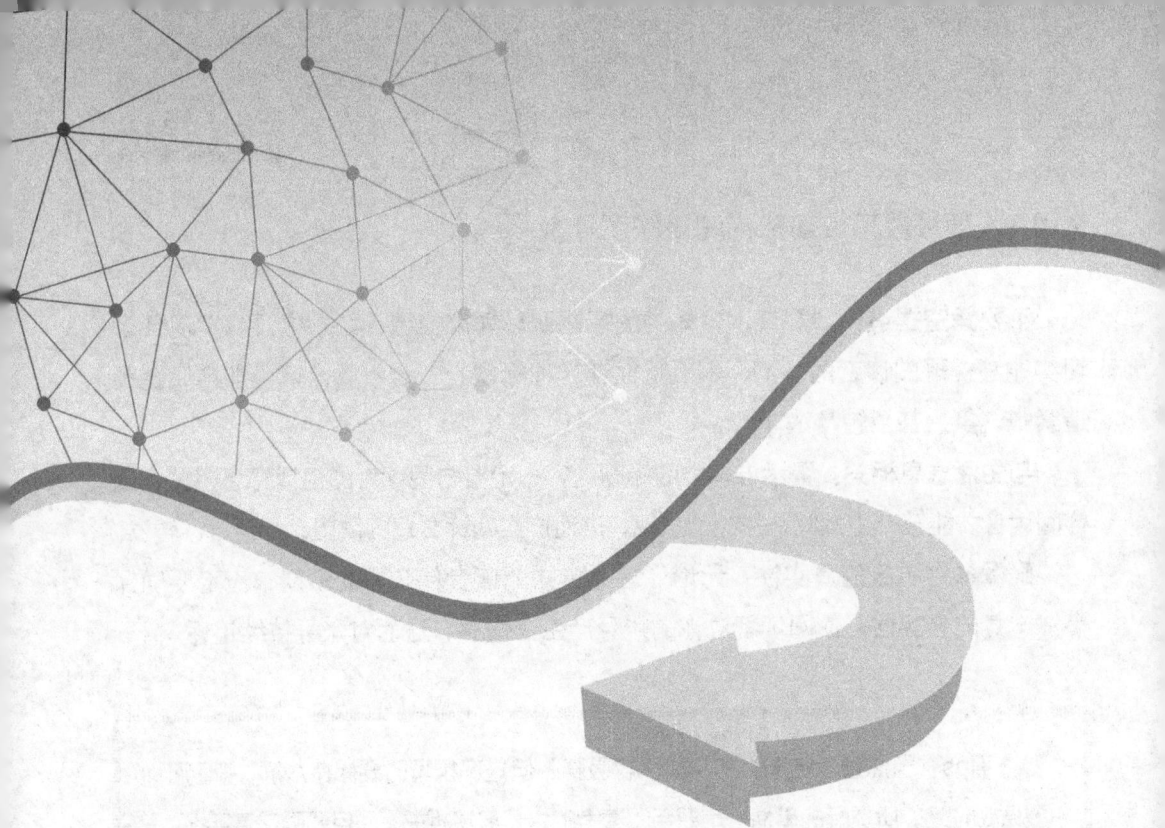

第6章
新媒体文章的常见类型

每天看着千篇一律的新媒体内容，你是否会感觉非常厌倦？作为新媒体内容运营人员每天被老板催促出新，更换文章内容形式，是不是感觉非常无力与心烦？本章为你解析新媒体文章的常见类型，帮助你创造出丰富多彩的新媒体内容。

6.1 事件铺开型

事件铺开型文章非常好理解，就是将事件按照起因、经过、结果的顺序平铺直叙，让阅读者通过阅读了解事情的发展动态。那么这样写文章有哪些优势呢？为什么在新媒体平台内很多账号都会使用这样的撰写方法呢？下面，就让我们来对事件铺开型文章进行详细探讨。

6.1.1 事件铺开型文章的优势

刺激阅读：在阅读事件铺开型的文章时，你必须将文章全部阅读完毕才能够得到想要的答案。事件铺开型文章的每一个段落，一环扣一环，想要暂停阅读其实很难。因此，这在无形之中激发了阅读者的阅读兴趣，使阅读者不得不通读全文。

留有思考空间：事件铺开型文章一般在文章的结尾才会说出事情的答案。因此，这就给了阅读者足够的思考空间。当他们通读完全文，了解了文意之后，才会恍然大悟，明白事情的答案。

增近理解：一般情况下，事件铺开型文章都会在结尾公布事情的结果，阅读者只要耐心读完，一切答案都会知晓。这就迎合了阅读者一直以来的阅读习惯，便于阅读者去理解全文。

6.1.2 以安先生的故事为例解析事件铺开型文章

事件铺开型文章既然有这么多好处，那么具体该如何撰写呢？下面，笔者就为你讲述它的撰写思路。

1. 找到适合传播的事件。
2. 总结出事情的起因、经过、结果。
3. 将事件按照总—分—总的顺序撰写出来。

下面以安先生遇到的实际问题为例,解析事件铺开型文章的撰写方法。

安先生最近遇到了一件奇怪事,他发现自己家晒在阳台上的小鱼干儿总是莫名其妙地丢失,于是,他便开始时刻留意阳台的动静,后来他发现,竟然是一只流浪猫每天傍晚悄悄地将小鱼干儿叼走。他感觉非常有意思,便想将这件事发布在新媒体平台上。如果你是安先生,你该如何讲述这件事呢?

根据上方提供的背景案例,梳理如下。

事件的起因:安先生发现了晒在阳台上的小鱼干儿莫名奇妙地丢失。经过:安先生悉心观察,发现每天傍晚都有流浪猫经过,并且叼走了小鱼干儿。结果:小鱼干儿丢失了。

那么我们便可以在文章的开头直接总结事件,利用概括性的语言写出最近家里很奇怪,晒在窗台的小鱼干儿莫名丢失,引起阅读者对事件的好奇心,进而持续阅读。

文章中间,再写自己每天是如何悉心观察的。小动物是如何在傍晚凑到阳台前的,而自己又是如何发现的。故事情节尽可能做到环环相扣。

文章结尾再揭开全文的答案,总结这一切原来是小猫做的,然后将文章升华到爱护动物、热爱生活,让阅读者恍然大悟,体会到酣畅淋漓的感觉。

6.1.3　事件铺开型文章的撰写规则

首段的问题设置很重要:此类文章重点在于首段抓住阅读者的兴趣,让阅读者对事情的答案产生好奇。因此,文章首段抛出的问题一定要足够吸引人,可以适当地添加氛围渲染类文字,以激发阅读者的好奇心。

中间情节要环环相扣:做足了文章首段环节只是激发阅读者阅读的第一步,接下来我们要保证文章中的每部分内容都留有一定悬念,并且环环相扣,像路标一样,吸引阅读者通读全文。

最后一定给出答案:无论文章所讲述的现象 / 故事有没有一个完美的结果,在最后都一定要明确地给出事情的答案,让阅读者在阅读完全文后有恍然大悟的感觉。否则，阅读者可能会产生被欺骗的感觉，进而不再阅读这个账号里的文章。

Tips：事件铺开型的文章核心在于文章的首段能否吸引阅读者阅读下去，使阅读者自发地在文章的后半部分寻找答案。它的撰写方法非常简单，可以采用总—分—总的模式。在文章的首段抛出一个事件／问题，然后分述事件／问题的来龙去脉，最后给出答案，总结全文。切记，在文章中间分述问题来龙去脉时一定要给阅读者线索，做到环环相扣，让阅读者有理由、有兴趣通读全文。

6.2 专家讲解型

如果一个企业账号经常发布关于产品和行业的文章，你也许会认为是例行推广而已。但是，如果这个账号请来了一些专家，这些专家告诉你生活里应该注意的问题，你是不是就很容易与账号产生互动，对账号的好感度增加了呢？本节详细探讨专家讲解型文章的利弊。

6.2.1 专家讲解型文章的优势

便于树立权威形象：在阅读者的心目中专家是有权威的，如果这个账号经常请一些专家讲解常见问题，阅读者就会认为这个账号切实在为我着想，而且，账号所讲的事情可信赖度较高，可以尝试。久而久之，企业的权威形象便树立起来了。

增强阅读者好感度：与自卖自夸相比，找一些专家站在中立的角度讲述事情，更容易让阅读者去相信。而且，账号没有利用企业的口吻去写文章，也避免了营销的嫌疑。所以，更容易被阅读者接受。

便于传播：如果站在企业的角度传播信息，会有替企业发广告的嫌疑。经常给朋友发广告，谁都会烦。但是你将专家说的话转给朋友，权威、中立且带有公益气息，那么朋友立刻会引起注意。

6.2.2　以刘先生的足浴城为例解析专家讲解型文章

可能有些人会好奇，到底专家讲解型文章该如何来撰写呢？下面，笔者就为你进行详细的阐述。在一般情况下，专家讲解型文章的撰写，按照如下步骤进行。

1. 找到契合点。
2. 请对应的专家。
3. 让专家站在中立的角度为阅读者讲解中立的知识。

可能有些人会问步骤1当中，找到契合的点，这个点，该如何寻找？其实很简单，就是根据你的产品，找到一个适合传播与讲解的点。例如，化妆行业，就可以讲解护肤知识；健身行业，就可以讲解饮食调理、专业的减肥方法等。总之，找到一个适合所有人阅读，并且与阅读者日常生活息息相关的点就可以了。

步骤2也很好理解，就是找到对口的专家。如果你想讲解花卉类知识，那么就一定要找园林、花卉专家；如果你想讲解健康知识，就应该找医学专家；如果你想讲解儿童心理健康，就应该找到儿科专家、心理学专家或儿童心理学专家。

步骤3中让专家站在中立的角度讲解非常重要。因为专家只负责自己专业这块，让更多的阅读者了解专业知识即可。如果专家站在企业角度来讲解，那么这个专家就变成了销售，这篇文章就成了广告而非普通的知识普及类文章，也就不容易被阅读者接受。

可能有些人会问，我们企业没有那么多精力，也请不来那么好的专家怎么办？其实也不难。这就需要企业的官微运营人员下一番功夫，在网络上寻找专家说过的话，然后添加在文章当中，证实专家与企业的观点一致。

值得注意的是，就算是找了专家的话，也应该确保这个专家切实说了你所找的那句话，确保真实可靠。

如果你感觉上边的文字比较抽象，那么下面就让我们以刘先生的足浴城为例解析专家讲解型文章。

刘先生经营了一家足浴城，现在想通过新媒体渠道来吸引更多的人到足浴城进行足浴。刘先生搜集了一些关于足浴的相关科学知识，他了解到做足疗可以强身健体、促进血液循环等。如果你是刘先生，你该如何规划足浴城新媒体账号的内容？

根据上方的背景案例显示，刘先生经营的是一家足浴城，那么他的新媒体账号内容必须要围绕足浴的好处、足疗的优势来进行发布。如果他想要树立正面的品牌形象，就可以请一些中医按摩类的专家，讲解足部按摩为什么能够强身健体，经常按摩哪些足部穴位能够治疗疾病、强健身体。

因此，刘先生的新媒体文章可以这样写：在文章首段抛出话题，足浴可以强身健体，然后找到专家，在接下来的自然段当中让专家详解为什么足浴可以强身健体。最后总结归纳，呼吁大众都来做足部按摩。

6.2.3　专家讲解型文章的撰写规则

找到对口专家：如果你要讲解儿童教育，就应该找老师教授；如果你想要讲解运动与健康，就应该找体育方面的专家。总之，你请来的专家一定要与文章内容对口。千万不要找其他行业的专家，说其他行业的事。那样专家所说的话自然也没有说服力了。久而久之，阅读者会选择取消关注。

确认专家身份的真实性：既然我们找到了专家，就一定要确认专家身份的真实性。这样才能确保专家的专业性以及话语的权威性，从而避免对阅读者造成错误引导，也在侧面体现企业的严谨态度。

使用第三方口吻：要知道专家在专家讲解型文章当中起到的是佐证观点的作用，因此一定要以第三方口吻来撰写。这样，才能使文章变得客观，最大限度地规避打广告的嫌疑。

Tips：专家讲解型文章的目的就是要让阅读者通过阅读，了解事情的利弊。因此，一定要确保专家的真实性，这样才能保证专家话语的可靠性与权威性。切记，一定要站在第三方的立场，客观地将事实讲解清楚。只有这样，才能实现刺激阅读者对账号产生好感度的目的。

6.3 数据支撑型

在浏览新媒体内容时你会悄然发现，有很多文章开始使用数据图表来证明自己所讲内容的真实性。这么做又是为什么呢？在文章当中添加数据与图表又有哪些好处呢？本节将探讨数据支撑型文章。

6.3.1 数据支撑型文章的优势

获取内容更直观：与文字描述相比，数据支撑型的文章可以使阅读者更加直观地获取文章内容。阅读者既不需要费尽周折通读全文，也不需要反复揣摩文意。只需要将笔者给出的数据和图表浏览一遍，就能够知道事情的影响力以及内容所述的真实性。

增加可信度：数据是不会说谎的，有多少就是多少。这就在无形之中增加了文章内容的可信度。阅读者就会明白既然企业能够拿出这么多数据，就证明企业是用心在经营，进而产生信任感，完成关注甚至是购买动作。

便于阅读：与文字相比，数据支撑型的文章一般都拿数据来说话。所以，文字内容较少。一般阅读者只需要看懂数据就足够了。这就在无形之中降低了阅读者的阅读难度，传阅给朋友看时也不用解释过多。

6.3.2　以王经理的房产企业为例解析数据支撑型文章

既然数据支撑型文章有这么多的好处，那么我们在日常的生活当中又该如何来撰写呢？下面，笔者就教给你撰写数据支撑型文章的思路。

1. 找到可以传播的热议话题。
2. 搜索相关数据。
3. 将数据作为佐证融合进文章当中。

步骤 1 最为关键，就是要找到与阅读者生活息息相关，而且便于传播的话题。例如，保险、房产、购车、孩子学业等这些百姓生活当中的大事都可以拿来进行探讨，也一定有很多的相关数据。

步骤 2 也不容轻视。一定要到正规的门户网站来查阅数据资料。如果日后阅读者发现事实并非你所讲的那样时就会果断取消关注。所以，数据来源一定要靠谱。

步骤 3 就非常好理解了，就是在文章当中将你所找的这些数据融入进去。例如，你讨论的是天然面膜好的问题，在抛出这个话题后就可以将你找的数据插入文中。

下面，就让我们以王经理的房产企业为例解析数据支撑型文章。

王经理经营一家房产企业，通过浏览房产网站得知现在有 80% 的家庭会在孩子将近三十岁的时候购房。但是，其中又有 40% 的人，由于金钱、时间、地域等客观条件的限制，并没有买到中意的房子。现在，王经理想要通过新媒体发布一篇文章告诉阅读者为孩子买房应该趁早选择，趁早打算，看到中意的就不要犹豫。如果你是王经理，你该如何撰写这篇文章呢？

根据上方的背景案例显示，王经理经营的是一家房产企业，他想要做的事情：通过新媒体账号呼吁大家为孩子买房要趁早，看到中意的不要犹豫。王经理得到的数据：有 80% 的家庭会在孩子将近三十岁时买房，其中有 40% 的人无法买到中意的房子。因此，王经理的文章思路如下。

在文章的首段抛出话题：你已经想好何时为孩子买房了么？

在接下来的自然段当中就要将 80% 的家庭会在孩子将近三十岁时买房，其中有 40% 的人无法买到中意的房子的数据作为佐证应用进去。

最后，告诫大家既然为孩子买房是迟早的，就要提前做好准备，避免产生遗憾，买不到中意的房子。

6.3.3 数据支撑型文章的撰写规则

确认数据来源的可靠性：数据来源的可靠性对数据支撑型文章至关重要，如果阅读者知道文章中的数据都是真实可靠的，久而久之就会对账号产生依赖感和信任感。

重点突出一组数据：在数据支撑型文章当中一定要找到一组数据进行突出显示。不要通篇文章全部以数据来说话，那样只能造成喧宾夺主，让阅读者摸不着头脑，不知道你要讲述的重点是什么。

数据要清晰：你所找的数据一定要清晰，甚至可以做成图片。这样，阅读者就能够在第一时间获取到想要的信息，进而加速对全文的理解。

数据要能佐证观点：一定要找一些能够佐证你观点的数据进行使用。如果数据无法佐证观点，只会给阅读者唐突的感觉，使阅读者摸不着头脑。

Tips：数据支撑型文章重点在于数据的真实性。我们也可以将数据制作成图片，使阅读者在第一时间领会全文主旨。最后再次确保数据来源的真实性，这一点是重中之重。

6.4 对比分析型

当有人和你描述一件事情时，可能你会不以为然。但是，当有人将两件事进行对比时，你就会对其中的一件事情产生震惊或气愤或感动的情绪。现在很多新媒体账号便利用了这一方法，在文章当中使用对比分析的方法来吸引阅读者浏览与传阅。本节将探讨对比分析型文章。

6.4.1　对比分析型文章的优势

刺激情绪：正所谓，没有对比就没有伤害。当两件事情放在一起时，阅读者就会对其中的一件事情产生情绪，那么文章的目的就达到了。阅读者就会在这种情绪的驱使之下进行阅读，进而自发地形成转发。

引发热议：两件事情进行对比，一定会形成反差。因为有反差，所以会刺激一部分人。当被刺激到的那部分人出来发声，另一部分人就会出来反驳。这样一来一去便形成了热议话题。

6.4.2　以小张遇到的问题为例解析对比分析型文章

我们在日常的生活当中该如何运用对比分析型文章呢？下面，笔者就教给你写对比分析型文章的步骤。

1. 找到两个可以形成反差的事件。
2. 对比突出两件事的反差。
3. 总结提炼。

步骤 1 比较好理解，即找到可以形成反差的两件事。例如，看到老人摔倒，有人去扶，也有人不去扶。那么，你就可以拿这两个现象进行对比，进而呼吁大家还是要扶老人。予人玫瑰，手留余香。

步骤 2 即尽可能地突出两件事情的反差，让其中一方的支持者产生痛感。被刺痛的一方就会站出来发声，而没被刺痛的一方会站出来反驳。这样，就引起了讨论。

步骤 3 总结提炼时，表明作为文章撰稿人的态度。

下面，就让我们以小张遇到的问题为例解析对比分析型文章。

小张是一名教师，最近他发现孩子放学回家写完作业后，很多家长会安排更

多的作业。这样可能会造成孩子的逆反心理，从而对学习产生抵触情绪。这让有些着急，为此他想写一篇新媒体文章呼吁家长们不要过度给孩子留作业，要让孩子过一个快乐童年。如果你是小张，你该如何撰写这篇文章呢？

根据上方的背景案例显示，小张想要呼吁的是家长不要给孩子强行加码，留过多的作业。小张想要拿来对比的两件事：1. 家长在孩子做完作业后加留更多的作业；2. 家长不给孩子加留作业，让孩子快乐成长。那么小张的新媒体文章可写成如下内容。

首先在开头抛出问题：你知道孩子其实不快乐吗？

接下来写出自己看到的事情：有些家长在孩子写完作业后加留作业。紧接着写出另一些家长从不给孩子加留作业，给孩子充分玩儿的时间，突出孩子快乐成长的重要性。

最后进行总结，告诫家长不要给孩子留过多作业，让孩子充分享受童年。

6.4.3　对比分析型文章的撰写规则

突出反差：对比分析型文章最主要的就是突出反差，通过一方的好突出另一方的不好。只有反差感非常强烈的时候，其中一方才能被刺痛，进而站出来发声。

表明态度：对比分析型文章在文末一定要明确地表明自己的态度，一定要站好立场。这样，才能刺激另一部分人站出来发声。

事件一定要非黑即白：对比型文章所撰写的事件一定要非黑即白，不是支持这一方，就是支持那一方。只有这样，反差才能被凸显出来。如果你写的两件事情这么做也行，那么做也是对的，就失去了对比的意义，就谈不上刺痛其中一方了。

> Tips：对比分析类的文章一定要找到两件非黑即白的事情，只有这样才能够最大限度地形成强烈的反差，进而刺痛其中一方，并且引发热议。当然，在文末一定要标明自己的态度，并且为其中一方发声，这一点相当重要。

6.5   故事寓言型

随着新媒体平台的流行，阅读者似乎看腻了叙述和数据类的文章。他们更加渴望看到更多更加吸引人的文章。因此，有些人在新媒体平台里开始撰写故事寓言，来吸引阅读者进行阅读。这么做又有哪些优势呢？下面，笔者就来探讨故事寓言型文章。

6.5.1   故事寓言型文章的优势

新奇感强：与其他类型的新媒体文章不同，故事寓言型文章并不多见。因此，阅读者在阅读的时候会产生强烈的新奇感。就是这种新奇感，使得阅读者愿意通读全文，并且自行转发。

便于传阅：故事寓言型文章一般都只有寥寥百字，阅读者既不需要拿出大段的时间来阅读和琢磨文意，也不需要在传给朋友时复述梗概，这样更加便于其在新媒体当中进行传阅。

易于理解：与生涩难懂的概念和数据相比，寓言故事型文章更加便于阅读者理解。阅读者只需要拿出一点时间阅读文章，就能够揣摩到寓言的意思。

6.5.2   以新手妈妈小王为例解析故事寓言型文章

故事寓言型文章该如何撰写呢？下面，笔者就教给你故事寓言型文章的撰写思路。

1. 找到想要传递的东西。
2. 编写一个小故事。
3. 总结这个故事。

步骤 1 很好理解，就是找到你想要传递的那个点。例如，你想要传递的内容是与人为善。接下来的第二步就是要以与人为善为题编写一则小故事、小寓言。最后，分析这则故事的含义。

下面，以新手妈妈小王为例解析故事寓言类文章的撰写方法。

新手妈妈小王发现自家宝宝不太喜欢表达自己的情感，遇到问题就动手，不会用语言去表达情绪。这让小王非常挠头，她想到了一个好的点子，就是利用新媒体平台为她的宝宝写一则寓言，教会孩子表达情感的重要性，同时，也告诉更多的新手妈妈遇到这样的问题不要怕，给孩子讲这则寓言就可以。如果你是小王，请问你该如何撰写这则寓言呢？

根据上方的背景案例可知，新手妈妈小王遇到的问题是发现孩子不会用语言来表达情感。她写寓言的目的是呼吁更多家长关注孩子的语言表达，并且引导更多家长遇到同类问题时不要着急，给孩子讲这则寓言就可以。

那么，新手妈妈小王的寓言就需要传递出利用语言表达情感的重要性。可以这样编辑。

从前，在一片森林里住着小狐狸和小兔子。有一天，小狐狸和小兔子相遇了。小兔子送给小狐狸一筐萝卜，它以为小狐狸也爱吃萝卜。但是，小狐狸比较害羞，没说出来自己不爱吃萝卜的事实，拿着小兔子给的一筐萝卜就回家了。这天下午，小兔子刚好散步到小狐狸家，它发现自己送给小狐狸的萝卜都被扔进了家门外的垃圾桶，于是它非常气愤，就找小狐狸来理论。这时，小狐狸才不好意思地说："对不起，小兔子，我其实不爱吃萝卜。"

寓意：上方这则寓言告诉我们，遇到事情，如果你不喜欢就勇敢大声讲出来，这样对方才能够理解你的意思，从而避免误会。各位宝妈们，赶快看看你家萌娃是不是也出现了类似的问题？是，就赶紧把这个故事讲给宝宝听吧！

6.5.3　故事寓言型文章的撰写规则

寓言要围绕传递的信息来编写：所编写的寓言一定要围绕你想要传递给阅读者的信息，这样阅读者才能够在第一时间接收到你要表达的信息。如果寓言故事与你想要表达的信息不一致，阅读者会感到混乱。

篇幅不宜过多：在编写寓言故事时，整篇文章的篇幅不宜过多。如果过长，很容易让阅读者产生厌倦心理，进而放弃阅读。

寓言最好生动：既然是寓言故事，那么寓言就一定要生动，让阅读者感觉有意思，不死板。这样才会激发阅读者的阅读兴趣。

Tips：故事寓言型的文章更加适合儿童类的内容输出，因此寓言应该尽可能生动。而且，一定要通俗易懂，要让大家一读就明白你的故事讲述的是什么道理。最重要的是，要注意所要表达的信息和寓言的寓意保持一致，这样阅读者才不会感到混乱。

6.6 解决问题型

无论我们研究哪个行业，无论我们要做什么，都会遇到问题。因此，有很多账号开始搜罗阅读者所遇到的问题，将这些问题汇总并给予解答，并且以文章的形式发布出来。这么做又有哪些好处呢？下面，就让我们一起探讨解决问题型文章。

6.6.1 解决问题型文章的优势

易引发共鸣：你在生活、工作或学习当中遇到的问题，很多人都可能遇到过。当有账号发现了这些问题，并给予解答，阅读者就会感觉这个账号懂我，与账号产生共鸣。阅读者会认为，之前我就因为这个问题发愁，现在不用愁啦！

增强依赖性：当账号内容切实解决阅读者的问题以后，日后再遇到问题时，阅读者就会主动翻阅账号，查找答案，这就在无形之中使阅读者对账号产生了依赖性。当阅读者对账号产生依赖性，难道还愁他们不会持续关注吗？

便于传播：如果一个行业问题很久都没有得到解决，阅读者突然看到了答案，除了豁然开朗，更多的就是将答案传阅给朋友，进而形成讨论。因此，总结行业问题并且给出解决方案的解决问题型文章更加便于传播。

6.6.2　以王女士的宠物企业为例解析解决问题型文章

可能有些人会问，解决问题型文章到底该如何撰写呢？下面，笔者就教给你解决问题型文章的撰写思路。

1. 找到大多数人都会遇到的问题。
2. 在文章中抛出问题，并给出解决方案。

下面，以王女士的宠物企业为例解析解决问题型文章的撰写方法。

王女士经营一家宠物企业，现在想通过新媒体这一渠道来扩大知名度。但是王女士不知道自己的新媒体账号该发布什么样的内容，也不知道怎样的文章形式能够让阅读者更加乐于接受。如果你是王女士，你知道该如何为自己的新媒体账号撰写文章吗？

根据上方的背景案例显示，王女士经营的是一家宠物企业，她想要做的事情是通过新媒体渠道宣传企业和品牌。很显然，王女士的新媒体账号的受众群众是养宠物的人。那么，养宠物的人都会遇到哪些问题呢？

宠物喂养、宠物穿衣、宠物健康等方面都可能遇到问题。因此，王女士就可以在文章当中写出如下内容。

首先抛出问题：多大的宠物适合吃狗粮？

然后在问题的下方给出详尽的专业解答。

这样，王女士的一篇文章就完成了。

6.6.3　解决问题型文章的撰写规则

语言言简意赅：解决问题型文章就应该做到单刀直入，直接抛出问题，然后给予解答。不要在文章当中添加多余的话语，那样反倒不利于阅读者阅读，更会给阅读者一种啰唆的感觉，使他们放弃阅读。

篇幅不宜过长：解决问题型文章的篇幅不宜过长。只需要言简意赅地写出问题以及解决方法即可。而且语言尽量简练，能汇总成一二三，就绝对不用平铺直叙的方式。尽可能做到条理清晰，这样阅读者才能够抓住重点，在第一时间解决问题。

> **Tips**：解决问题型文章的要点在于言简意赅，让阅读者能够一目了然地获取到问题以及解决方案，让他们在第一时间解决问题，进而对账号产生依赖感。下次遇到问题时就会自发地翻阅账号，查找解决办法。

6.7 轻松对话型

如果一篇文章都是密密麻麻的文字，你是不是也想换换口味轻松一下？比如很多账号利用两个人对话的形式来撰写文章，这样看上去既轻便，又有趣。本节就来探讨轻松对话型文章。

6.7.1 轻松对话型文章的优势

加速阅读：与密密麻麻的文字相比，轻松对话型文章阅读起来更加轻松。毕竟，看一个对话也不会有多少字，更加不用去理解段与段的意思。这样，在无形之中加速了阅读者的阅读速度，省却了很多不必要的思考时间。

更具活力：与密密麻麻的文字相比，轻松对话型文章更加拥有活力。能够让阅读者感受到灵动与轻松，没有阅读老式文章的压抑感。

便于传播：通篇文章的字数不会太多，这使很多阅读者乐于去阅读与传播。

6.7.2 以方先生的餐饮企业为例解析轻松对话型文章

说了这么多，到底轻松对话型文章该如何撰写呢？接下来，笔者就教给你轻松对话型文章的撰写思路。

1. 明确对话主题。

2. 以受众的口吻进行对话编辑。

步骤 1 其实非常好理解，就是要明确这篇文章的主题是什么。是要呼吁环保，还是要进行新品推介？或是其他的主题。

确认完步骤 1，下面就到了步骤 2。既然确定好了主题，你就可以较容易地分析出文章的目标阅读者，并以阅读者的角度撰写文章。

例如，一个促销类的轻松对话型文章，受众一定是意向客户。那么，你就需要以意向客户的口吻撰写文章。

下面，以方先生的餐饮企业为例解析轻松对话型文章。

方先生的餐饮企业最近新推出了一些菜品，决定以五折的优惠力度在新媒体平台上进行推广。但是，他不知道该如何撰写新媒体文章能让阅读者既乐于接受，又能够形成传播效应。如果你是方经理，你知道该如何撰写文章内容吗？

根据上方的背景案例可知，方经理想做的事情是通过新媒体平台宣传自家新菜品五折优惠的消息。那么这篇文章就一定是给食客看的。我们需要以食客在讨论的角度来撰写这篇文章。所以，方经理的文章就可以写成如下内容。

食客 A：你知道吗？听说最近老王一家聚餐，有肉有海鲜，才花 100 元。

食客 B：还有这种好事？

食客 A：没错，最近 ×× 酒楼特价，新品一律五折。

食客 B：哇，这么好，我也想去试试，看看口味怎么样。

··········

6.7.3　轻松对话型文章的撰写规则

站在阅读者角度撰写：轻松对话型文章就是需要借助受众之口，来引发阅读者的共鸣。因此，一定要站在阅读者的角度撰写文章。这样，阅读者在阅读的时候才能产生共鸣，进而产生购买欲望。

篇幅尽量缩短：因为是对话，所以就需要每一个人说话字数不要太多。言简意赅，将事情表达清楚即可。试想一下，如果篇幅过长，对话中每一个人说的话都特别多，这和普通的文章有什么区别呢？

语言尽量轻松：因为是轻松对话型文章，所以需要尽可能地将对话回归于日常生活。尽量写得像两个人聊天一样平常，语言尽可能轻松，以营造轻松愉悦的氛围。

> Tips：轻松对话型文章就是要将事情的叙述方式以聊天的方式表达。因此，语言一定要轻松幽默，要让阅读者感受到轻松愉快。当然，一定注意篇幅不宜过长，否则只会给阅读者造成阅读困扰。

6.8　海报平铺型

不知道从何时起，很多官微喜欢利用海报来替换大篇幅的文章。可能你已经发现有很多新媒体大号已经不再写文章，而是利用海报的形式代替文章。这又是为什么呢？这么做又有哪些好处呢？下面，我们就一起探讨海报平铺型文章。

6.8.1　海报平铺型文章的优势

灵活性强：与传统的文字类文章相比，海报平铺型文章灵活性更强。运营人员既不需要费尽心力去校对较大篇幅的文字，更不需要绞尽脑汁去想优美的语言，只需要思考一下海报当中想要放置什么内容，突出什么主题就可以了。

树立权威形象：由于撰写海报平铺型文章需要非常强的设计功底，需要聘请专业的海报设计人员来制作，这在无形之中凸显了企业的实力，树立了企业正面权威的形象。而且，海报平铺型文章看起来要比文字平铺型文章更加轻便、大气、灵动，这也有助于树立企业形象。

便于传播： 要知道，与密密麻麻的文字相比，阅读者更加乐于看到图片。因此，海报平铺型文章更加能迎合现代阅读者的阅读需求，便于传播。

6.8.2 以张先生的维修企业为例解析海报平铺型文章

到这里可能有些人会问，到底海报平铺类文章该如何撰写呢？接下来笔者就教给你撰写海报平铺类文章的思路。

1. 首先要确认好海报的主题（可以是促销，也可以是活动，更可以是理念）。
2. 然后添加海报上必须出现的元素（可以是活动的时间、地点、人群、联系电话，也可以是活动详情）。
3. 搜集海报素材（如果是促销类海报，可以搜集促销商品的照片；如果是活动类海报，可以搜集活动现场的意向照片）。
4. 将文本和图片素材交给设计人员去设计。
5. 将设计出来的海报插入到文章当中去。

下面，以张先生的维修企业为例，解析海报平铺型文章。

张先生经营一家维修企业，快过节了，他想要搞一个义务维修电脑的小活动，回馈新老客户。但是，他不想发布那些传统的文字类文章，想要做一个海报来发布这件事。你能够帮助张先生设计这个海报吗？

根据上方的背景案例显示，张先生想要传播的活动是义务维修电脑。因此，海报的主题就应该是义务维修电脑。

然后需要将活动日期、活动地点、联系电话以及企业简介等基本素材整理出来。再寻找一些关于电脑和维修电脑的海报素材。

剩下的，就是交给设计人员进行海报制作。

6.8.3 海报平铺型文章的撰写规则

主题必须唯一： 每张海报只能确定一个主题。这样阅读者才能够一目了然地明白到底要讲的是什么事情。如果海报主题较多，无法准确接收有效信息。

广泛进行素材搜集：海报平铺型文章自然不是由运营人员来制作，而是需要设计人员来实操制作。因为并不知道设计人员能用得上我们找来的哪些图片，所以我们要广泛地搜集素材，最大限度地给予设计人员便利。

基本信息要完整：如果你制作的是活动类海报，就一定要完整给出活动的时间、地点和主题。如果你做的是促销类海报，就要明确给出活动时间、主题、电话、地址等信息。总之，你给到设计人员的基本信息一定要完整，以达到让你的活动／促销信息被阅读者全面了解的目的。

> Tips：虽然海报平铺型文章只需要运营人员将基本素材整理好交给设计人员就可以，但也需要我们注意以下几个方面：1. 主题一定要唯一；2. 素材搜集一定要广泛；3. 给出的基本信息要完整。这样，设计人员才能够有效地接收到信息，顺利地设计出你想要的海报。

6.9 图文搭配型

在浏览新媒体账号的时候，我们会经常看到很多账号开始发布以图片为主、一张图配一句话的文章。接下来，我们来探讨图文搭配型文章。

6.9.1 图文搭配型文章的优势

减轻阅读压力：图文搭配文章有利于减轻阅读者的阅读压力，阅读者只需要欣赏图片，再看看解释就可以理解。如果阅读者感觉到舒服，那么下一次就会继续翻阅你的账号找文章来阅读。

缓解视觉疲劳：一张图一句话的形式恰好可以缓解阅读者的视觉疲劳，让阅读者的双眼能够得到充分的休息。

迎合阅读习惯：阅读者渴望通过图片直观地了解内容。一张图一句话的形式能够让阅读者感受到轻松，恰好迎合了阅读者的阅读习惯。

6.9.2 以安经理的旅游景区为例解析图文搭配型文章

图文搭配型文章到底该如何撰写呢？其实非常简单，步骤如下。

1. 明确主题。

2. 找到迎合主题的图片。

3. 对图片进行一句话讲解。

4. 总结全文。

下面，以安经理的旅游景区为例解析图文搭配型文章的撰写方法。

安经理负责景区 A 的包装经营，现在想通过新媒体渠道来推广这个景区。但是，他认为文字类的文章并不适合自己，却又找不到更加适合的文章类型。如果你是安经理，你该如何撰写新媒体文章？

根据上方的背景案例可知，安经理想要做的事情是在新媒体渠道推广景区 A。那么，安经理的推广主题就可以定为一分钟带你游览景区 A。

接下来，可以找人先拍摄一些景区内各个景点的照片。

然后将这些经典照片上传到文章中，再利用简短的语言解释各个景点。

最后，总结一下景区的优势，以及为什么要来景区游览。

安经理的这篇新媒体文章就完成了。

6.9.3 图文搭配型文章的撰写规则

图片一定要清晰：图文搭配型文章重点在于图片，所以一定要保持图片清晰。最好将全文图片制作成统一的宽度，这样更加有利于阅读者阅读。

语言简练：图文搭配型文章不适合密密麻麻的排布，只需要用一句话解释一下图片即可。因此，一定要确保语言的简练，这样，才能起到让阅读者轻松阅读的作用。

做好总结：因为图文搭配型文章并没有多少篇幅来解释全文主旨，所以文末的总结就显得尤为重要。一定要做好总结，让阅读者看完文章以后，知道这篇文章到底在表达什么。

Tips：图文搭配型文章重点在于图片和文字的搭配。因此，需要我们在编辑的时候注意图片的清晰度和整齐性，以及尽可能避免长篇文字的出现，只需要用简短的语言解释图片即可。

6.10　阅读原文型

在翻阅新媒体文章的时候，你是不是经常会看到"详情请点击阅读原文"的字样？你知道为什么企业在编辑文章时要添加这部分内容吗？这么做又有哪些好处呢？本节我们将探讨阅读原文型文章。

6.10.1　阅读原文型文章的优势

便于转化：如果在阅读完文章之后，标注需要打开浏览器输入网址自行在官网上购买，大多数人最后都会忘了去购买。但是，当你阅读完文章，发现点击阅读原文就可以直接购买了，那么你很可能会去看看到底产品怎么样。如果符合想象，价位合理，就会购买。点击阅读原文使购买渠道变得更便捷，在一定程度上便于转化，避免意向客户的流失。

扩大内容量：由于篇幅和内容形式的限制，如果企业想将电子杂志直接嵌入在新媒体文章当中，或许是不可能的事情。但是，自从有了阅读原文，企业就可以将电子杂志的链接直接添加在阅读原文中，增加了内容的展示量。

引发阅读者的好奇心：如果企业在文章中把所有事情都说了，那么阅读者可能就没有那么好奇了。如果企业将活动的关键信息制作成网页添加在阅读原文中，阅读者很可能对活动的详细信息好奇，从而点击，同时会加深了阅读者对于活动重点信息的印象。

6.10.2 以王经理的食品企业为例解析阅读原文型文章

我们在日常的工作当中该如何运用阅读原文型文章呢？下面，笔者就教给你阅读原文型文章的撰写思路。

1. 确认文章主题。
2. 找到需要添加在阅读原文当中的内容。
3. 在文章中适当引导阅读者查看阅读原文。

下面，以王先生的食品企业为例，解析阅读原文型文章的撰写方法。

王经理经营一家食品企业，现在有一批新口味饼干即将上市，为了营销这批饼干，王先生特意做了一个手机杂志，他想要通过新媒体的方式将这些饼干推广出去。但是新媒体文章内是不允许嵌入手机杂志的。如果你是王经理，你该如何撰写新媒体内容？

根据上方的背景案例显示，王经理经营的是一家食品企业。他想要做的事情是推出新口味饼干。他手里有的资源是手机杂志。

综上所述，王经理的新媒体文章可以按如下思路写。

在正文当中突出新口味饼干上市，引导阅读者通过点击阅读原文，了解新口味饼干的相关信息。

然后将手机杂志添加到阅读原文当中。

6.10.3 阅读原文型文章的撰写规则

留个悬念：你要引导阅读者去查看阅读原文，因此可以在文章的正文中留个悬念，要让阅读者在好奇心的驱使之下查看阅读原文。如果阅读者在通读完全文之后，根本找不到点击阅读原文的理由，那么他们便不会去阅读。

原文内容要与正文有区别：要知道阅读原文的作用是补充说明文章正文内容的，因此阅读原文的内容一定要与文章正文区别开来。这样阅读者在阅读的时候便不会有疲劳感，进而持续阅读。

Tips：阅读原文型文章的核心在于通过阅读原文，对文章内容进行补充说明。因此，我们必须要保证阅读原文中的内容与文章内容不同，只有这样，阅读者在阅读的时候才会产生兴趣，不至于有疲劳感。当然，给阅读者一个理由让他们去点开阅读原文也是非常有必要的，这就需要运营人员在文章当中给阅读者留下悬念，驱使他们的好奇心，然后去点击了。

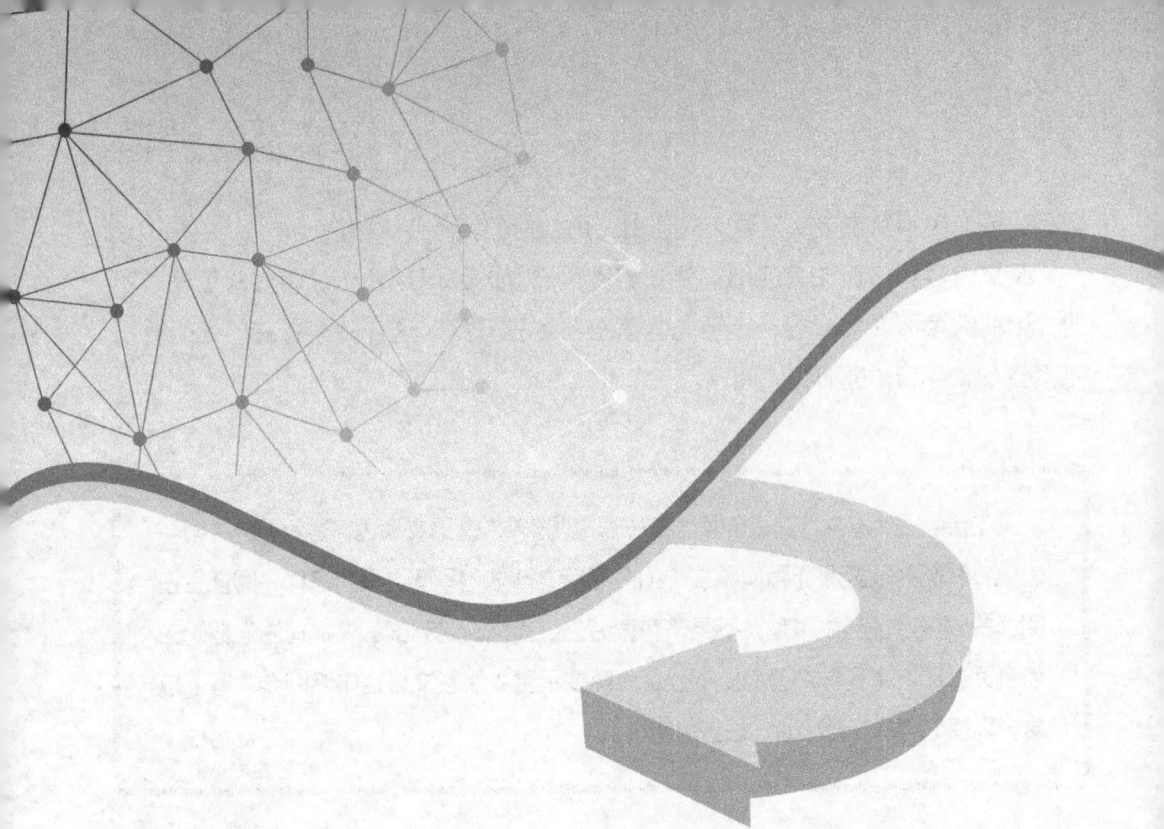

第 7 章
提升新媒体营销力的小工具

　　在运营新媒体内容的时候你是否也曾经被这样抱怨过：每天都是文章发布，就不能来点新鲜的？文章写得好，但我想要的是转化率。本章将推荐可以提升营销力的 10 个小工具，帮助你最大限度地提升新媒体营销力。

7.1　熟用创客贴，小白也会做美图

几乎是一夜之间，似乎所有新媒体账号的运营人员都学会了设计，每一组图文的封面都显得非常专业。你是不是也在疑惑，这是为什么？每天除了要查找资料、编辑内容、校对稿件，根本没时间作图？不用着急，本节就为你揭开这一系列问题的答案，为你讲述创客贴这个新媒体图片设计利器。

7.1.1　创客贴是什么

可能很多刚刚接触新媒体的新人没听说过创客贴。其实，这是一种在线设计工具。创客贴网站拥有很多设计模板，你可以根据自己的需要对模板进行编辑，进而制作出一张适合自己新媒体账号的图片。

可能你还不知道创客贴这个网站在哪里，更不知道如何寻找。想要找到这个网站非常简单，只需要在搜索引擎的搜索栏中输入"创客贴"三个字，就会显示官网，如图 7.1 所示。

图 7.1　查找创客贴官网

单击页面上的第一条信息后面有"官网"二字的链接，就可以进入创客贴的官方网站，如图 7.2 所示。

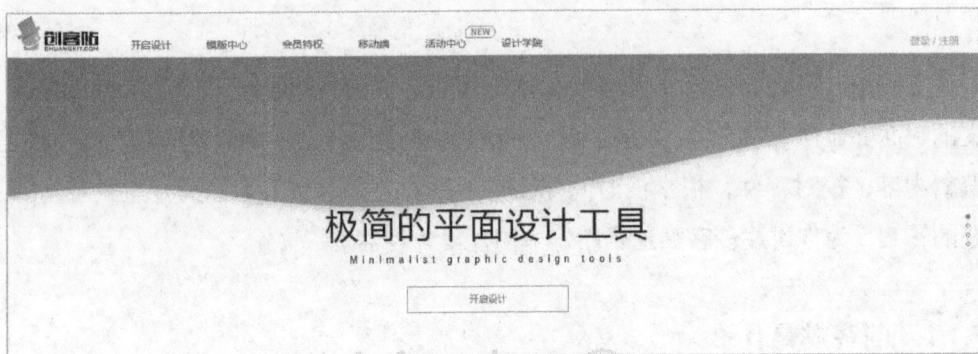

图 7.2　创客贴官方网站

看到上方这个漂亮的图了吗？这个就是创客贴的官网，其左上方有创客贴的 Logo 哦！

7.1.2　创客贴怎么用

找到官网以后，接下来就要解决问题：到底该如何使用？其实，它的使用方法也非常简单。

单击模板中心链接，你能看到适合各种场合比较成熟的内容设计模板，涵盖广告设计、商业办公、教育培训和活动策划等模块，如图 7.3 所示。

你可以在设计与编辑内容之前，找一些适合自己的模板来使用。当然，如果感觉这样做不够有新意，你还可以选择直接开启设计，选择想要制作的海报类型进行制作，如图 7.4 所示。

创客贴上的海报类型，从微信账号首图到 PPT，再到淘宝广告、名片、印刷海报……不胜枚举，非常全面。这个需要大家在日后登录并查阅使用。在这里，我们以微信账号首图为例进行讲解，如图 7.5 所示。

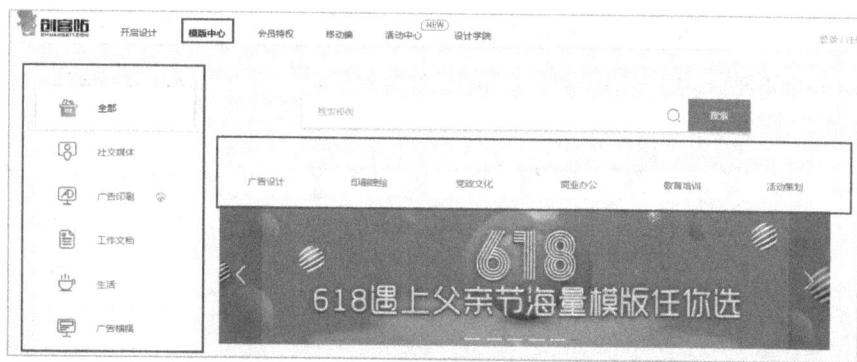

图 7.3　模板中心

图 7.4　开启设计选择海报类型

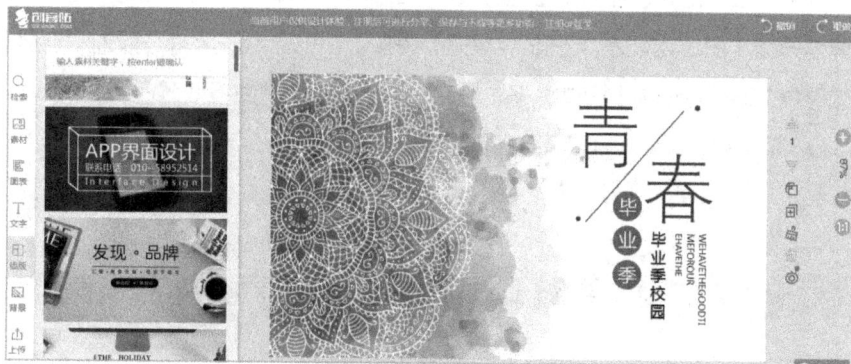

图 7.5　开始设计

在这里，我们选用了"青春毕业季"主题的模板。你可以将鼠标放在文字与图案上方进行编辑。你可以根据自己的需要来替换这些文字或者图片素材。最后，设计出自己的海报。

至于更换什么图片好看，字体改成什么样子更美观，这个就见仁见智了。关于使用细节问题，还需要大家在日常的使用过程当中进行摸索，在这里就不赘述了。

7.1.3　为什么要用创客贴

轻便快捷：与传统的作图软件相比，创客贴更加轻便快捷，我们不需要再安装什么软件，也不需要自己下载图片素材，只需要打开网站，在设计后台进行设计，替换素材或者改变字体颜色和字号以及更换文字内容即可。不管你懂不懂设计，都能够制作出好看的图片。

提高效率：要知道隔行如隔山，如果你不懂设计，不懂海报制作，那么就算给你一天时间，也不见得能够制作出令人满意的图片。因为你根本不知道如何做！但是，有了创客贴就不一样了。不管你会不会设计，网站都为你推荐了很多的成熟模板。你只需要更换文字内容就可以轻松使用。这在无形之中提升了工作效率，不至于让你将时间都浪费在思考如何作图上。

Tips：如果你的企业没有专业的设计人员，又想要发布漂亮的海报，不妨使用创客贴来为你排忧解难吧！它是在线设计工具，能够让你一目了然地开始设计。就算是设计小白，也能制作出非常漂亮的海报。切记，为了保持海报的专业度和整体形象，不要在模板上改动太多，多余的修改会使成熟海报变得业余。

7.2　巧用 HTML5，让信息千姿百态

很多企业开始利用 HTML5 为自己的产品做宣传，使企业账号文章看上去像

电子杂志一样美观，还可以添加音乐，提升文章的可读性。可能有些人会心生疑问，做一本电子杂志不是要耗费更多的心力吗？那为什么还有这么多企业来做这个东西呢？本节就来为你揭开问题的答案，探讨巧用 HTML5 的优势。

7.2.1　HTML5 是什么

可能有些人会问 HTML5 到底是什么，其实，HTML5 只是一种专业的技术语言，但是，HTML5 可不是电子杂志。而我们在新媒体平台内看到的微杂志，是使用了 HTML5 技术制作出来的。

到这里你可能会问，有没有可以制作微杂志的平台？这个当然有，而且有很多。新媒体平台上让人熟知的平台有：兔展、易企秀、maka 等。具体哪个平台比较好用就见仁见智了，还需要大家在日后的使用过程当中自行摸索。

7.2.2　微杂志怎么做

不管你懂不懂技术语言，不管你是不是专业的设计师，你都可以在这个平台上制作出自己想要的微杂志。制作微杂志有 2 种方式。

1. 直接套用平台给出的模板。这么做省时省力，改一下文案就可以。这样做的优点在于提升效率，当然缺点就是别人可能也会图省事儿和你一样直接套用模板。这就会出现两个微杂志撞车的状况。

2. 选择完模板后，将自己所找的素材添加到模板中。这样做的好处是可以确保微杂志的独特性，但是如果没有一点设计功底的话，恐怕会造成界面难看的结果，有损企业形象。

至于如何在网站上选择模板，选择好模板后又该如何更换素材，这些细节就需要大家在实际的操作过程当中摸索了，在这里就不详细阐述了。

7.2.3　为什么要使用微杂志进行宣传

丰富新媒体内容：与传统的文章相比，微杂志这种有图片又有文字还能添加音乐及小视频的形式，更加生动活泼，能够起到丰富新媒体内容的作用，进而调动阅读者的阅读兴趣，吸引阅读者阅读。

便于传播：微杂志的重点在于图片，每一页并没有多少文字，因此当阅读者阅读时也会抱着用不了几分钟的态度来浏览。这就使很多阅读者提起了阅读的兴致，更加便于传播。

迎合阅读者浏览习惯：微杂志这种以图片作为主要展现形式的产品，恰好迎合了阅读者的阅读习惯，更加易于被阅读者接受。

Tips：虽然微杂志的制作过程并不复杂，但是也需要制作人员拥有一定的审美能力和设计能力。这样，你才能够在模板中替换更多的素材和文字。如果你真不具备鉴赏能力，那么请避免对模板过多修改。这样，至少你的模板是干净整洁、相对专业的。

7.3　利用草料二维码解决棘手问题

在三五年之前，如果有人问你二维码是什么颜色的？你的回答可能是黑白的。但是现在很多新媒体账号的二维码已经不再是黑白的，更多丰富了颜色与形式。很多懂得设计的企业，将二维码与风景或游戏相结合，设计出独特的花式二维码。到这里，你可能会问：修改二维码颜色对企业来说有什么好处吗？为什么有这么多的企业都修改了二维码颜色呢？我想更换二维码的颜色又该怎么办呢？如果我想将文章变成二维码又该怎么办呢？本节，我们就来为你揭开这一系列问题的答案。

7.3.1　草料二维码到底是什么

是否有一个平台，可以方便我们将图片与网址链接变成二维码呢？又是否有一个平台可以让我们将普通的二维码变得更加漂亮呢？答案是肯定的。在这里笔者推荐草料二维码平台。

可能有些人会问：草料二维码平台到底是什么？如果你浏览过就会知道，这是一个可以帮助你解决各种关于二维码棘手问题的平台，如图7.6所示。

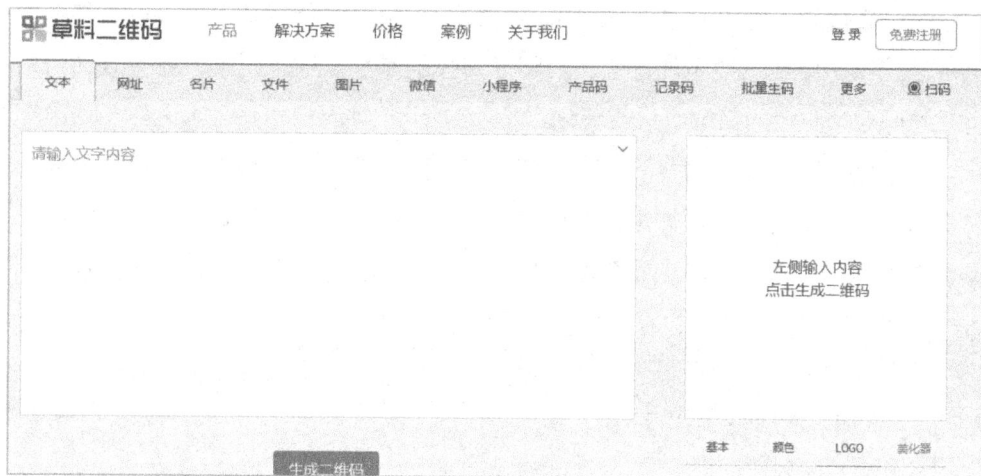

图7.6　草料二维码官网

在这个平台上，你可以轻松地将文本、网址、文件和图片转化成二维码。你还可以将手里难看的黑白二维码转化成美观的彩色二维码，更加可以在线制作二维码名片。除此之外，还有很多你意想不到的小功能，能够满足你对二维码的日常工作所需。

7.3.2　草料二维码能解决什么问题

活动推广时：可能你为了创办活动而精心制作好了专题页，想将其嵌入在文章中，但又不想占用文章太多篇幅。这个时候，就可以提取专题页的链接，用草料二维码将其制作成二维码，再添加到文章中来。这样既迎合了新媒体时代的阅读习惯，又能使阅读者方便快捷立即获取活动信息。

社交活动时： 在新媒体时代，每一个人的名片上都会有二维码。可能你明天要参加一个非常重要的活动，在活动上还要互相交换名片。但是，你却没有名片。更不可能拿计算机将你的官网挨个展示给宾客。这个时候，不妨在草料二维码上制作一个二维码名片，既缓解了你没有名片的尴尬，又能够让宾客扫码了解你的官网，对你拥有更好的认知。

制作海报时： 为了举办活动，可能你做了一张非常精美的海报。但是将企业黑白色二维码硬生生地添加进去，会降低海报的美感。这个时候，就可以利用草料二维码对黑白色的二维码进行美化。

到这里，可能有些人会问，到底草料二维码这个平台该如何使用呢？其实，非常简单。你只需要确认需求，然后根据网站的引导，上传网址、文字、文档、黑白二维码……之后点击生成即可。具体过程和方法还需要大家在实际的操作当中根据实际情况摸索使用，在这里就不再赘述了。

7.3.3 草料二维码的优势

提升效率： 草料二维码，实现了将网址变成二维码并应用于宣传中的功能，大大地提升了工作效率。

内容多样化： 以前网址就是网址，文字就是文字，文档就是文档，图片就是图片。现在这些东西全部都可以转化成二维码，使内容展现形式多样化，在无形之中起到了调剂与丰富内容形式的作用。

优化二维码： 以前对于不懂设计的人，要想将二维码变成彩色的，几乎是不可能的事情。但是现在，我们可以根据所需，在草料二维码上制作出各种精美的二维码。这就起到了优化二维码的作用，使文章和海报更加耐看与美观。

树立形象： 如果硬生生地将黑白色的二维码放在活动现场或者官网上，可能会显得难看和奇怪。但是当我们把美化好的二维码展示在官网与活动现场时，会让浏览者在心底里默默地赞叹，这个企业在用心做事，进而产生好感。这在无形之中帮助企业树立了品牌形象。

> Tips：草料二维码能够帮助我们优化二维码，将网址、图片、文字、文档等内容转化成二维码的形式，让内容的展现形式变得更加灵动和丰富，大大地提升了工作效率，维护了企业形象。如果你对二维码的颜色与美感有需求，如果你想将网址、文档等嵌入到文章当中，不妨使用草料二维码帮助你解决问题。

7.4　弄懂微店，简化支付与购物流程

几乎是一夜之间很多新媒体账号不仅开通了支付功能，还将店铺嵌入到了新媒体账号之内。那么，你知道这些账号功能都是如何实现的吗？本节我们就来帮助你弄懂微店，简化支付和购物流程，锁住意向客户。

7.4.1　微店是什么

微店是一种可以嵌入到新媒体账号内的店铺平台，你可以把它理解成微型店铺。从广义来讲，当下比较热门的微型店铺平台有微店、微小店、有赞等。

我们可以在平台上开通店铺，直接售卖；通过平台内的推广进行引流，获取曝光客户和意向客户；也可以提取店铺的网址，将店铺嵌入到新媒体账号的菜单上。

这样，阅读者浏览新媒体账号时，就能够找到店铺去逛。缩短购买的决策时间，进而提升购买率。

7.4.2　微店怎么用

到这里，一定有人心生疑问，到底微店该怎么来使用呢？其实，它的用法也很简单。首先，你需要选择登录一个微型店铺平台，并提交基本信息进行注册，如图 7.7 所示。

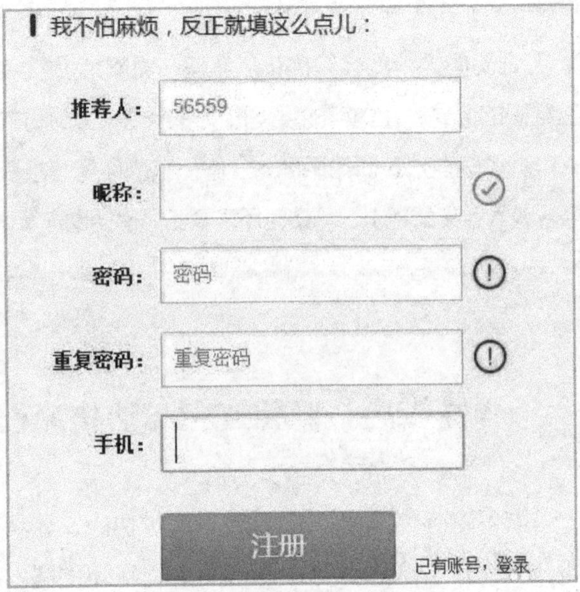

图 7.7　微店注册页面

无论是什么微型店铺平台,你都需要在注册以后完善营业执照、税务登记证等相关的企业信息。只有这样,你才能够在平台上装修店铺、上传商品、提取店铺地址添加到新媒体平台上进行推广,真正开始售卖东西。

可能有些人会问,到底微型店铺该怎么装修,难不难? 在这里,笔者可以非常负责任地告诉你,并不难。操作界面也非常简单,你只需要选择固定模板,然后上传图片、填写文字即可,一看就懂,如图 7.8 所示。

你可以点击添加新模块,来添加自己所需要的模块,也可以将鼠标放到左边已经编辑好的模块上,对已经编辑好的模块进行编辑与调整。至于店铺该制作成什么样,选择什么样的模板,这个就见仁见智了,需要我们在日后的使用过程当中摸索总结,在这里就不再赘述了。

当然,有一点一定要提醒大家:当你的微店创建并编辑好以后,一定要确认你的新媒体平台确实已经开通了微支付的功能。只有开通支付的功能,才能完成在新媒体平台内购物并支付的动作。

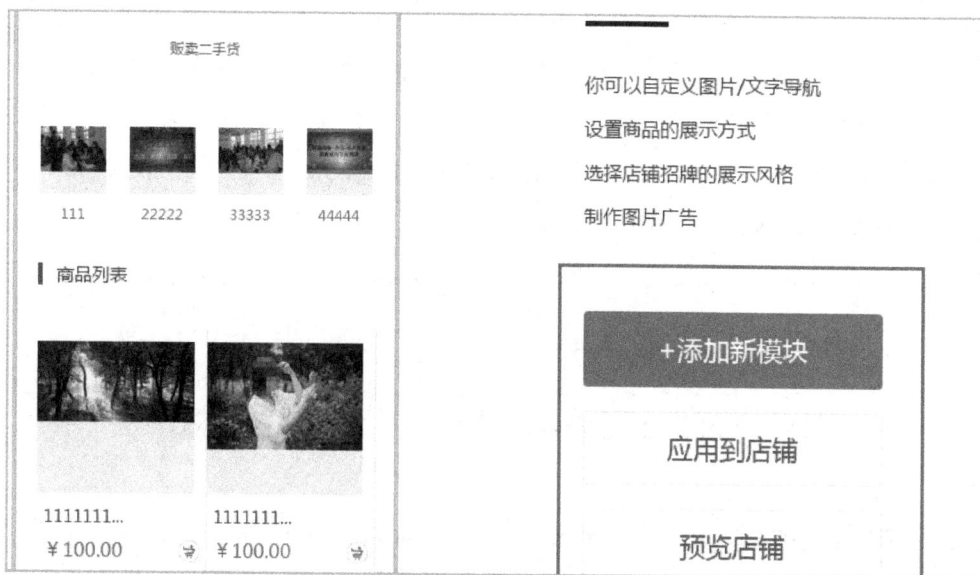

图 7.8　微店后台编辑页面

7.4.3　微店的优势

促进转化：在没有微店的时候，阅读者只能自己打开浏览器输入网址，然后进行购买。如果在阅读完文章以后，阅读者忘记了网址，或者不想购买了，则会马上放弃。但是现在，当阅读者阅读完文章以后，就可以直接点击菜单进入到店铺当中去。这大大缩短了阅读者的购买决策时间，在一定程度上提升了文章的转化率。

提供便利：现代人都渴望便捷，那么，将微店绑定在菜单上，就给阅读者提供了便利。阅读者只要有需求，就可以打开店铺，然后直接浏览购买。不用费尽心力地记住官网，更不用登录官网注册账号，绑定银行卡。一切购物流程，在新媒体平台都可以一步实现，便捷给力。

灵活轻便：你创建一个官网来卖东西，以前想要改动页面，还需要与设计技术人员沟通。现在不用愁啦！微店上的模块都是可以随时进行调整的。你不喜欢这个模板了，可以登录后台，选择一个喜欢的。灵活轻便，容易调整。

Tips：微店可以方便阅读者浏览产品，实现在线购买，最大限度地缩短购买的决策时间，进而帮助企业提升转化率。但是有一点值得注意：在将微店铺绑定到菜单之前，一定要确保你的新媒体账号开通了支付功能。只有这样，阅读者才能够在你的新媒体账号内顺利地购买。

7.5 关注百度系小工具，洞悉阅读者喜好

作为新媒体运营人员，你是不是也曾困惑过，到底该如何发现阅读者的喜好？到底该怎样才能知道阅读者都喜欢什么？本节将会为你揭开答案，帮助你了解百度系小工具，利用这些工具，洞悉阅读者喜好。

7.5.1 百度系小工具都有哪些

作为新媒体运营人员，我们能够利用的百度系小工具都有哪些呢？除了我们经常使用的百度搜索引擎以外，百度新闻、百度搜索风云榜、百度指数和百度知道等，都可以作为我们洞悉阅读者习惯与偏好使用的工具。下面，我们对这些平台进行逐一分析。

百度新闻：大多数编辑、内容运营人员每天会像完成作业一样，去浏览一圈百度新闻，因为百度新闻包含了国际、国内、军事、社会、财经、娱乐、体育、互联网、科技、游戏和汽车等各行各业的最新消息。你只需要花时间浏览，就能了解到当下发生的事情。

百度搜索风云榜：百度搜索风云榜囊括了各行各业的热搜情况。你可以根据引导发现近期不同行业的热点，也可以根据引导，洞察不同地域所发生的大事件，进而有针对性地编辑你的阅读者喜欢的内容。

百度指数：百度指数一般很少有人知道，它需要你首先确定想发布的内容是什么，关键词是什么。然后再来搜索这个内容的百度指数，查阅你想发布的内容

到底有多少人在关注。进而有针对性地调整自己的文章发布策略。

百度知道：在百度知道的首页，你可以了解到网友都在问什么样的问题。也可以将自己想要发布的问题写出来，在百度知道中搜索，看一看当下到底有多少人在搜索这些问题。进而有针对性地调整发布的内容。

7.5.2 百度系小工具该如何使用

到这里，可能有些人会问：这些和我又有什么关系呢？我们在寻找新媒体内容素材，对新媒体内容进行决策之前又该如何来使用这些百度系小工具呢？下面，就让我们以运营人员小王的经历为例，进行详细的解析。

运营人员小王是某报社的新媒体平台编辑，她想要发布一篇图文消息。但是，因为之前发布的内容阅读量不太高，所以一直拿不定主意，不知道该发布什么样的内容才能吸引阅读者来阅读与自发传阅。如果你是小王，你该如何进行选材并确定文章的发布方向呢？

根据上方的案例资料显示，小王的身份是一家报社的新媒体编辑。因此，小王所负责的新媒体账号就一定是报社的官方微信账号。我们必须要思考，报社的新媒体账号该发布哪些内容呢？

没错，账号会发布各行各业的新闻、报社所在地的新闻以及报社内的消息。那么这些内容，又有哪些是阅读者比较喜欢看到的呢？这时，我们就可以打开百度新闻浏览了，如图 7.9 所示。

在浏览之前，我们还需要思考一个问题，什么样的新闻才能够吸引阅读者阅读呢？没错，一定是那些与阅读者息息相关的内容。那么，我们就可以挑选社会新闻来阅读，图 7.9 所示就是百度社会新闻首页。在页面的右上角，我们可以看到即时发生的新闻事件。左上角为大图推荐的内容。

每年的六月末，高考报名、录取等相关事件就成为了热点。我们在百度社会新闻首页大图这块，也能看到一些关于这些方面的新闻内容。因此，这时我们可以发布一些关于学生、青春、高考录取和毕业季等主题相关的内容。

图 7.9 百度社会新闻首页

你以为这样就结束了吗？并没有。我们还需要在百度搜索风云榜和百度指数上对确定的大方向进行细化，如图 7.10 和图 7.11 所示。

图 7.10 民生新闻热搜榜 1

图 7.11 民生新闻热搜榜 2

我们在百度的民生新闻热点排行榜中能够看到很多关于高考、毕业等相关的信息内容。这就证明，此类内容是可以作为近期文章发布方向的。下面，再让我们来看看百度指数的情况，如图 7.12 和图 7.13 所示。

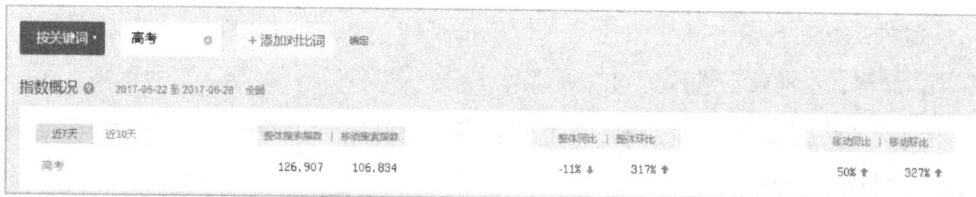

图 7.12　高考的百度指数数据

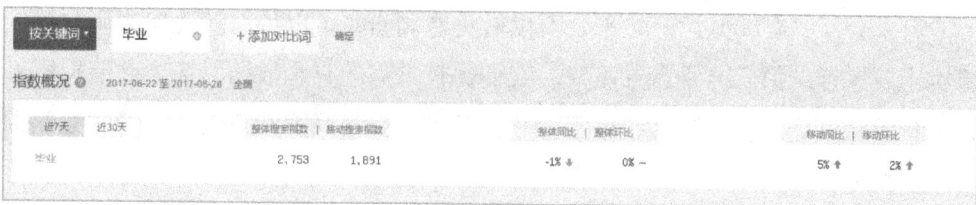

图 7.13　毕业的百度指数数据

从图中可知，在百度指数搜索高考、毕业两个关键词时，能够看到高考这个词的数据大多数都是上升的，而毕业这个词虽然在上升，但数据并不太理想。可以说明近期还是以高考和录取为主要搜索词，毕业相关事件还不到搜索指数高的时候。

所以，如果你是小王，最好以高考为主题发布相关内容来吸引阅读者阅读文章。

> Tips：虽然百度系小工具能够帮助大家搞清楚近期的热点事件以及文章的大致方向，但也不应该照本宣科，一定要在确认好账号的整体定位以后，再来看自己该发布什么样的内容。千万不要出现账号的定位是宠物喂养，而去发布民生内容的尴尬现象。

7.6　找到第三方数据平台，让调研变得容易

在运营新媒体平台时，很多企业都渴望通过线上的数据调研，洞察阅读者对产品和品牌的认知度。例如，企业做了一个活动，想要知道大家参与后在场地布置、活动流程上是否满意。如果给每个人打电话咨询，很显然既会打扰别人，又特别麻烦。此时，企业就会选择通过在新媒体平台发布文章进行调研。作为运营人员，你知道该怎么搜集调研数据吗？本节就来告诉你答案，教给你利用第三方数据平台进行调研的方法。

7.6.1　有哪些第三方平台可以做免费调研

有人会问：有哪些第三方平台可以做免费调研，可以帮助我搜集调研数据？事实上，这样的第三方平台并不少。我们比较常见的有金数据、各类微信投票平台和各类微杂志平台。那么，这三种平台都有什么不同呢？下面，笔者就为你进行逐一阐述。

金数据：是专业的数据搜集平台，可以使用它制作专业的各类表单。还可以使用它来对报名数据进行归纳汇总。后台操作，比较简单、方便。

微信投票平台：主要可以完成微信内的投票活动。如果你在微信内发布投票活动，或者想让你的阅读者对某些人和事进行投票，则可以选择一些微信投票平台来使用。它是专业的投票工具，缺点就是局限性大，只能做微信投票，做不了其他的事情。

微杂志平台：可以作为报名、留言互动的数据搜集工具来使用。但是，它不能进行专业的在线投票，而且一些表单制作起来比较麻烦。

7.6.2　调研平台该如何使用

事实上，这些调研平台的使用方法非常简单，你只需要注册并登录进去，然后找到对应的模块进行编辑就可以了，如图 7.14 所示。

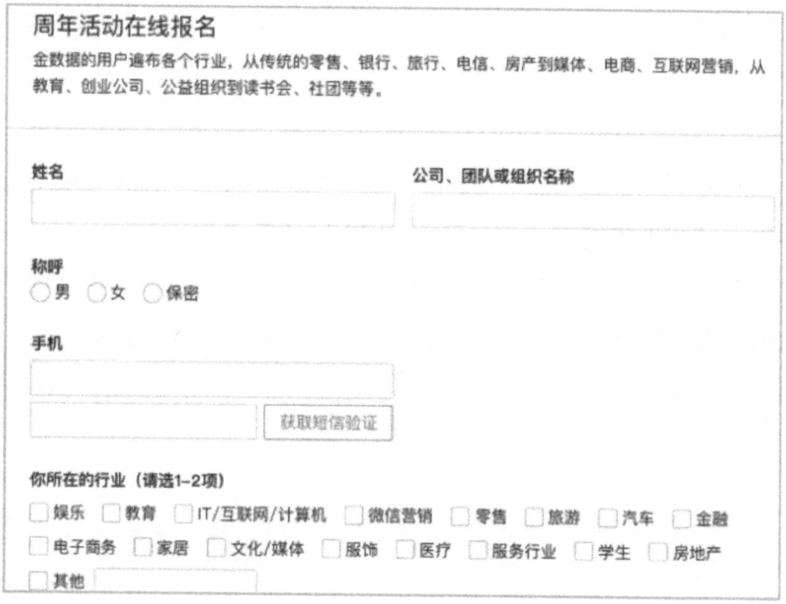

周年活动在线报名

金数据的用户遍布各个行业，从传统的零售、银行、旅行、电信、房产到媒体、电商、互联网营销，从教育、创业公司、公益组织到读书会、社团等等。

姓名

公司、团队或组织名称

称呼

男 女 保密

手机

获取短信验证

你所在的行业（请选1-2项）

娱乐 教育 IT/互联网/计算机 微信营销 零售 旅游 汽车 金融 电子商务 家居 文化/媒体 服饰 医疗 服务行业 学生 房地产 其他

图 7.14　金数据在线报名模板之一

关于如何替换数据模块，如何替换背景图等细节，就需要大家在日后的工作当中进行摸索总结了，在这里就不再赘述了。

7.6.3　数据平台的优势

便于数据的搜集：如果没有这些数据平台，我们想要在新媒体平台内发布报名和调研活动，便无法对数据进行有效整理。在数据搜集整理阶段，会更加烦琐。现在，有了数据平台，我们只需要将模块添加在文章底部，引导阅读原文进行填写就可以了，省时省力。

增强内容互动性：没有数据搜集平台，我们根本无法得知阅读者的偏好。更加不知道我们所发布的内容或所发起的活动，对于阅读者而言有什么作用，大家是不是喜欢，还有哪些不足。有了数据平台，就可以帮助我们搜集、整理数据。我们才能够听到阅读者的心声。

搭建沟通桥梁：如果没有数据平台，阅读者根本不知道应该在哪里表达自己的意见和见解。现在，有了数据平台，阅读者就可以填写表单，告诉运营人员哪块需要修改，哪块需要调整，让阅读者与运营人员拥有了沟通渠道。

> **Tips：** 第三方数据平台让数据的搜集和汇总变得容易，阅读者只需要填写表单提交即可。运营人员也只需要登录数据平台的后台查阅汇总，就能够获取真实的反馈。无论是对运营人员，还是对阅读者来说，这都是极大的好事。

7.7　一招解决图文定时推送问题

如果在三五年之前问你，我想要定时推送新媒体文章，你会回答不可能。但是，现在的答案却是可以。现在有很多第三方微信编辑平台，已经增加了定时推送新媒体文章的功能。在 2017 年 6 月月末微信官方也新增了定时群发的功能。

7.7.1　不同平台的定时推送／群发功能有何异同

第三方定时推送平台： 现在有很多第三方定时推送平台，可以绑定多个微信账号。你只需要逐一编辑好，确认好每一个账号的文章发布时间和内容即可。第三方定时推送平台可以实现多个账号的群发内容编辑与预约。

微信官方定时： 微信内的定时群发，解决的是单个账号的文章内容编辑与预约。微信内的定时群发功能更加具备针对性，且能够让你对文章发布的安排也更加清晰与精准。

不管是第三方定时推送平台，还是微信官方的定时推送，群发功能，都有利有弊，但是都能够帮助我们发布内容这件事情变得容易。而且，内容发布时间由你说了算。

7.7.2 定时推送 / 群发功能该如何使用

1. 第三方定时推送平台。

在第三方定时推送平台，你只需要注册登录并且绑定新媒体账号，然后选择想要发布的内容素材进行定时设置就可以了，如图 7.15 所示。

简单说来，你首先需要绑定好微信账号，然后添加好素材，再点击定时推送，添加推送任务即可。

2. 微信官方。

微信官方的定时群发功能在微信的群发按钮当中。只要你将鼠标放在群发按钮上，就会看到下拉菜单的定时群发功能，如图 7.16 所示。

此时你需要找到已经编辑好的、想要发布的素材，设置定时群发的时间即可。

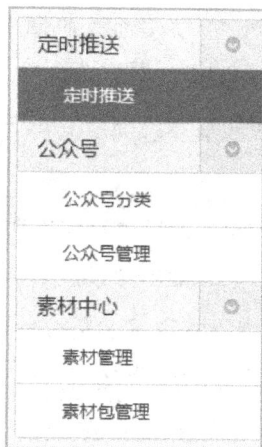

图 7.15 第三方定时推送平台界面

图 7.16 微信官方定时群发界面

7.7.3 定时推送功能的优势

节省人工成本： 定时推送可以将人从电脑旁解放出来，运营人员只需要为想要推送的文章进行定时即可，最大限度地节省人力成本。运营人员再也不需要因为要零点发布活动，而守到后半夜推送文章。

留有思考时间：由于定时推送一般都是预设的，这就给运营人员充分的思考时间。如果企业想临时对文章进行调整，是可以在后台进行修改的，企业可以等到完全思考好后再推送。不像之前，运营人员编辑好以后直接发布。没有预设，也就没有了反悔时间。

Tips：作为新媒体运营人员，为了你的假期，一定要学会使用定时群发的功能来管理你的微信账号。这样，你将省却大量的时间，同时又能够轻松满足客户和老板的需求。当然，如果你想要同时管理多个账号，就需要选择第三方定时推送平台，将这些账号集中起来方便操作。

7.8　利用识图功能快速找到原图

在制作新媒体内容的时候，你是不是也曾遇到这样的尴尬：在其他账号当中看中了一张图片，但是这张图却是模糊的，没办法插入到自己的文章中。这个时候，你会怎样选择？直接放弃？本节就来教给你一个便捷查找原图的方法，帮助你顺利地找到想要的原始图片。

7.8.1　什么是识图功能

不知道你留意过没有，现在很多的图片类搜索引擎都拥有这样的功能：只需要将想要用或者查找的图片提交上去，搜索引擎就会对比查找原图，然后将清晰的图片推荐出来。

有哪些图片类搜索引擎有这个功能呢？像我们经常能够见到的百度图片搜索、360 图片搜索都拥有这个功能，如图 7.17 和图 7.18 所示。

图 7.17　百度识图功能展示

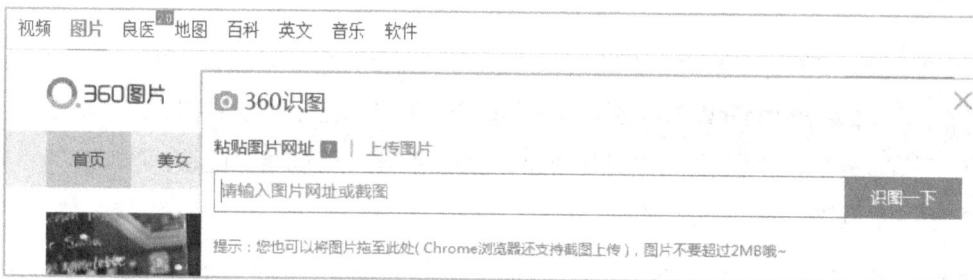

图 7.18　360 识图功能展示

你可以根据页面引导，将找到的图片上传，就可以轻松查找原图了。操作方法非常简单。

7.8.2　识图功能都能做什么

查找原始图片：这对于美工来讲比较重要。如果客户给的素材不够清晰，我们就可以利用识图功能，将图片上传上去，找到清晰的图片。这样，制作出来的东西会更加美观，客户也会感觉你比较专业。

查找大图：当我们看到了一个景物图，感觉比较好看却不知道这个景物在哪的时候，也可以使用识图的功能来找到这张图片的大图。当大图出现在你眼前时，便知道景物在哪个景区内了。

7.8.3 视图功能的优势

提升工作效率：对于美工和设计人员而言，想要找到一张清晰的图片，是工作的重中之重。但是在设计之前，他们不可能要求客户必须提供高清图片。为了避免矛盾，他们可以使用识图功能，利用最短的时间找到客户想要的清晰原始图片进行设计，这在一定程度上提升了工作效率。

简化搜索：在文字时代，如果你想要查找风景区，就一定要知道景点的名字。现在有了识图功能，你只需要将喜欢的景点照片上传，就能够找到它的位置以及景区位置。这在无形之中简化了搜索难度，让阅读者能够更加便捷地获取到想要的信息。

> **Tips:** 在运营新媒体平台时，找图是重中之重。如果看到喜欢的图片却不清晰，其实没关系。只需要将不太清晰的图片在搜索引擎的识图功能中上传，就能够在第一时间找到清晰的图片了。

7.9 巧用三百搜，获取海量一手信息

很多运营人员在编辑新媒体内容的时候，都会遇到这样的尴尬：感觉已经找准了今天的热点，可是网上热议的内容却不是我今天发布的，因此被老板误解，认为你不了解互联网，抓不住网络热点。那么，针对这一问题该怎么办呢？本节就来为你揭开问题的答案。

7.9.1 三百搜是什么

这里不得不提到一个搜索引擎，叫作"三百搜"。可能很多人都会问，三百搜到底是什么？事实上，它就是360、百度等搜索引擎的集合。听起来感觉没什

么特别的，事实上，它的强大绝对能够令你大吃一惊。

这个搜索引擎几乎囊括了全网络所有的资讯、小说和网址等各种你能想到或者想象不到的信息。总之，如果你想要找什么，或者你想要全方位了解什么，就可以使用三百搜。

7.9.2 三百搜该如何用

对新媒体运营人员来讲，使用三百搜一般可以做两件事：全方位了解时下信息和找到想要的精美图片。

在三百搜的首页你只需要点击阅新闻按钮，就能够找到全网络上所有的新闻信息，如图 7.19 所示。

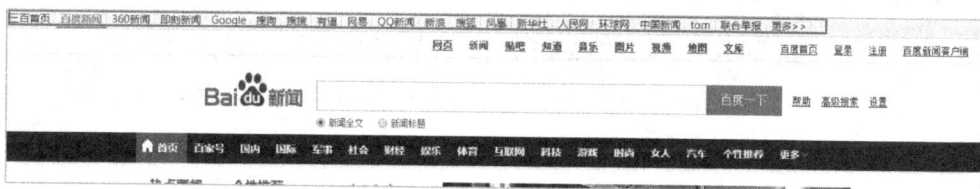

图 7.19　三百搜阅新闻结果

将鼠标移动到网页的上边，你可以清晰地看到各大主流网站的入口。你不用再像以前那样，记住每一个新闻类网站，然后逐一查阅。直接打开三百搜点击阅新闻就可以了，方便、快捷。

到这里一定有人会问，除了浏览新闻，图片该如何找？其实，找图也非常简单。在三百搜首页，点击赏美图就可以看到各大美图类网站的入口。直接点击进去，输入想要找的图片类型就可以了，如图 7.20 所示。

图 7.20　三百搜赏美图结果

看到这里，你是不是也被它的强大功能震撼了呢？那还等什么，赶紧在工作当中切实应用起来吧！

7.9.3　三百搜的优势

一网打尽全网络优质内容：三百搜基本把网络上各大主流门户的对应网站都囊括在内，因此在信息量上占据了绝大优势。你只需要根据三百搜提供的网站入口进行浏览，就不愁掌握不到最全面的信息。

提高工作效率：与以往想看新闻得记住各大新闻网站的网址，想找图得记住各大美图网站的网址相比，三百搜可以让根本不了解行业的小白也能最大限度地掌握信息。

> **Tips**：三百搜囊括了全网络最全的信息入口，它可以帮助职场新人快速入行，让不懂行业的小白获取到自己想要的内容。如果你也被它的功能所震撼，那么不妨在工作当中使用它来作为你获取信息的工具吧！相信它一定会帮助你解决不少问题。

7.10　用好各平台关联功能，迅速引流

近年来，无论你使用何种自媒体平台，或者是注册登录何种网站，都会发现一排按钮和一句话："关联其他平台，一键同步发布。"很多新媒体运营人员都会使用这些按钮。那么，这是为什么呢？使用这些按钮，又有哪些好处呢？本节就来揭开问题的答案。

7.10.1　关联按钮的优势

到这里，可能有些人会心生疑问，新媒体平台照顾好自家的笔者，让笔者在自己平台发布内容就可以了。为什么还要让账号的笔者去关联其他平台呢？其实答案很简单。

互相引流：要知道，不同平台的内容质量是千差万别的。每一个平台的流量和知名度也不尽相同。关联了其他平台，就可以在某种程度上起到互相引流的作用。对于新手来讲是一件好事。

节省时间：对于笔者而言，他渴望将内容同时发布到所有平台。在后台让笔者与一些平台账号进行关联，就能够起到一键同时发布的作用。对于笔者而言，这也是一件好事。最起码，他不需要逐一登录平台了。这在无形之中起到了内容互通的作用，从某种程度上保证了平台内容的丰富性。

培养习惯：新媒体时代，几乎每一个笔者手里都有很多平台上的新媒体账号。如果有平台告诉你，你只需要关联，就可以同时在不同的新媒体平台上发布内容，那么你会怎么做呢？没错，就是使用这个平台。这在无形之中培养了笔者的使用习惯，进而将笔者锁定在自己的平台之上。

7.10.2 使用按钮关联时该注意的问题

既然使用关联按钮有这么多的好处，那么在关联的时候，又应该注意哪些问题呢？下面，笔者就和你进行详细探讨。

注意平台的安全性：随着自媒体的不断发展，自媒体平台也逐渐多了起来。那么就需要我们在关联的时候多加注意了，一定要选择一些靠谱的、可信度和知名度比较大的平台来关联。这样，才能最大限度地避免账号个人信息的泄露，确保账号安全。

确保内容的观赏度：既然是关联，那么就不一定能够确保你所发布的信息在其他平台发布出来，能够具备相同的观赏性。因此，在使用关联功能以后，一定要到各个平台上看一下，确保自己所发布的文章没有出现段落跑偏的现象。

Tips：当你的自媒体平台账号比较多时，不妨使用关联功能来管理，这样能够释放你在不同平台登录发文的时间。同时，能够使你的内容实现一键分发到不同平台上的目的。但是要注意：一定要确保所关联的平台比较靠谱和知名。只有这样，才能够最大限度地保证你账号的安全性。

第 8 章
新媒体常见的引流方法

在运营新媒体的时候，你是不是也曾经被老板与客户问过这样的问题：到底该如何引流？你怎么为我吸引阅读者，如何吸引意向客户？如果你面对这些问题总感觉束手无策，本章就教给你新媒体最常见的引流方法，帮助你引爆新媒体账号。

8.1　双号运营法

只要你细心留意就会发现，有很多企业不仅拥有微信服务号，同时还注册了微信订阅号。既然都是在微信这个新媒体平台当中宣传，为什么还有这么多企业注册两个账号呢？使用一个账号不可以吗？本节将揭开问题的答案。

8.1.1　双号运营法的优势

筛选意向客户：如果只有一个账号，那么无论是企业做活动，还是日常图文发布都需要在这一个账号当中来操作。这时就有一个非常尴尬的问题出现了：到底企业该怎么分辨哪些阅读者是意向客户，哪些只是凑热闹呢？这个时候，双号运营的优势便体现出来了。

账号更垂直：如果只有一个账号，那么你的账号除了要发布一些营销类内容以外，还要发布一些品牌宣传以及热门信息，这样看起来就显得非常凌乱！会令阅读者摸不着头脑。但是，当你使用两个账号进行运营时，就能够让每一个账号的功能最大限度地凸显出来，进而使账号的功能更加垂直。

8.1.2　双号运营法该如何操作

可能有些人会问：双号运营法到底该如何进行操作？我们在运营的过程当中又该如何操作呢？下面，笔者就教给你双号运营的操作思路，帮助你在实际的工作当中参考使用。

1. 注册服务号与订阅号。
2. 将服务号开通微信支付。
3. 确认好两大账号的功能。

在一般情况下，订阅号是用来发布企业最新动态、新品信息的。而服务号则是用来发布企业促销活动，督促阅读者完成购买动作的。简而言之，订阅号负责宣传，服务号负责成交。

弄懂了两大账号的使用功能，接下来，我们就要思考运营策略了。到底该怎么运营才能既发挥各个账号的优势，又吸引阅读者前来阅读呢？

在一般情况下，我们首先要运营的是订阅号。只有将订阅号运营成熟，并且积累了一定的阅读者基数以后，才能考虑到通过服务号来促成订单，同时将意向客户筛选出来。其实，两大账号的互动引流方法也非常简单。

我们可以通过在订阅号中发布活动、促销信息的形式，将有购买意向的客户引导到服务号进行购买。

8.1.3　以王先生的餐饮企业为例解析双号运营法

你可能感觉上面的文字非常抽象，还是不知道该如何进行运营。下面，就让我们以王先生的餐饮企业为例，解析双号运营法。

王先生经营了一家餐饮企业，现在有一批新菜品需要推出，他想通过新媒体这种新型的营销渠道将这件事告诉给更多食客，吸引食客们在线订餐，到店消费。但是他注册了订阅号和服务号，却不知道该如何运营。如果你是王经理，你知道该如何拟定运营思路吗？

根据上方提供的背景案例，王先生需要做的事情是通过新媒体渠道推广自己的新菜品。王经理手里拥有的资源有订阅号与服务号。那么，王经理的运营思路可以按以下步骤拟定。

1. 首先在订阅号发布一则图文消息，告诉大家有一批新菜品。

2. 当营销文案发布了一至两组以后，可以在订阅号发布活动，引导大家到服务号进行购买和预订。

3. 接着在服务号发布文章，告诉大家这个促销活动的动态，吸引更多的阅读者在服务号产生购买。

4. 最后，将总结图文在两大账号同时发布。

如果第一次这样做运营，阅读者不太配合也不要气馁，因为他们还没有形成购买习惯。你只需要按照上述方法循环几轮，相信你的意向客户与老客户就会被顺利地筛选出来。日后你就可以在服务号发布一些活动来回馈你的意向客户与老客户。

8.1.4　双号运营法该注意什么

先订阅后服务：一定要遵循先运营订阅号后运营服务号的原则来操作。订阅号起的是宣传作用，因此我们必须利用订阅号与阅读者进行沟通。让阅读者对你产生好感以后，再进行营销。

活动要在订阅号发布：有很多企业喜欢同时在订阅号与服务号发布活动，这对企业而言并没有什么，反倒是多了一次宣传。但是对阅读者来讲，会感觉非常别扭。阅读者不知道该选择订阅号参加活动，还是选择服务号参加活动，如果实在搞不懂，阅读者可能会选择放弃参与，这对企业来讲也是一种损失。此外，两个账号一起发布，企业也很难汇总参与者信息，还要在整理数据部分增加人力。所以，一定要在订阅号发布活动，然后再引导阅读者到服务号下单。

> Tips：企业在双号运营时一定要遵循先订阅号后服务号的原则，先踏踏实实在订阅号中将阅读者基数积累好。与阅读者建立起感情后再发布活动文章，引导阅读者到服务号形成购买。这样，你就可以轻松地将意向客户与老客户筛选出来了。

8.2　双微运营法

双微这个概念在前几年比较流行，现在被提及得比较少。在这里，可能有些人会问双微到底指的是什么？其实双微指的就是微博、微信。那么，为什么有这么多企业运营双微呢？运营双微法又该注意哪些问题呢？下面笔者就与你进行详细探讨。

8.2.1 双微运营法的优势是什么

锁定两大主流平台：众所周知，微博和微信是当下新媒体时代比较著名的新媒体平台，也是客户基数相对比较庞大的两大平台。企业进行双微运营，就相当于占领了两大主流平台，锁定了全国大部分的网民。

占领碎片时间：现代人使用手机大部分玩微信或刷微博，企业进行双微运营，就相当于占领了阅读者基本所有的碎片化时间。无论你刷微博，还是看微信，都能够看到企业的相关信息。久而久之，让阅读者记住便不再困难。

增加互动趣味性：微博和微信平台都有专属于自己平台的活动模式，运营人员可以在活动当中引导阅读者在两个平台之间跳来跳去。这样比只在单一平台进行活动要有趣得多，阅读者参与起来也会感觉新奇。

8.2.2 双微运营法该如何操作

下面我们就来探讨双微运营法的操作思路。

1. 首先你需要在微博、微信两大平台发布内容，积累阅读者基数。
2. 当阅读者基数达到一定数量时，就可以考虑开始双微运营了。
3. 发布微博、微信活动，引导阅读者在另一个平台进行互动。

这样，你的双微平台就被利用了起来，互动性也增强了很多。

8.2.3 以李女士的花卉小店为例解析双微运营法

下面就让我们以李女士的花卉小店为例解析双微运营法。

李女士经营一家花卉小店，现在她想要通过微博、微信两大平台进行宣传，吸引更多的人来关注和浏览。但是，却不知道如何进行运营。如果你是李女士，你该如何安排双微运营思路呢？

根据上方的背景案例显示，李女士想要做的事情是通过微博、微信两大平台来宣传自己的花卉小店。那么，李女士的双微运营思路应该如下。

1. 先在微博、微信这两大平台内发布一些内容，吸引阅读者追随。

2. 当双微账号达到一定数量后，可以开始发布活动。

3. 将微博与微信挂钩，引导阅读者在两大平台之间互动。

到这里，可能有些人会问，发起怎样的微博或微信活动比较合适呢？其实答案也很简单，操作方式一般有以下几种。

1. 在微博发布微信内的活动，或在微信发布微博上的留言活动。

2. 可以先发起微博活动，然后引导阅读者通过转发 / 邀请好友的方式，在微信内宣传企业，再回到微博当中打卡签到。

活动形式一比较简单，活动形式二就需要运营人员耗费一定心力去思考了。

> **Tips**：双微运营可以让企业迅速占领微博、微信两大主流热门平台，进而锁住阅读者的基本所有碎片化时间。有一点要注意：无论你在微博和微信发布什么活动，都要以形成互动为主要目标。只有这样，才能使你的双微平台更具活跃度。

8.3 多端并行法

在新媒体时代每一个运营人员都希望自己的账号被更多的人所熟知，但并不是每一个企业都能够有金钱和人际关系获取到海量的流量入口。这个时候你就会发现，有很多企业的官方账号，无论你在哪个新媒体平台都能够看到。那么企业为什么要这么做呢？这么做又有哪些优势呢？本节将揭开这一系列问题的答案，详解多端并行法这种营销方法。

8.3.1 多端并行法的优势

增加曝光率：如果只在单一的平台上开通账号又没有流量引导的话，那么阅读者是无法记住企业的。但是，如果企业在所有新媒体平台都开通了官方账号，那么，阅读者有很大可能在阅读时就能够看到，久而久之，在潜移默化当中，就记住了企业。这就起到了增加曝光率的作用。

获取流量：众所周知，有很多新媒体平台是会推荐精美文章的，这就给了企业机会。

树立权威性：随着自媒体平台的不断发展，企业在不同平台建立官方账号，不仅可以增大曝光率，还能够起到树立权威性的作用。

8.3.2 以刘经理的化妆品企业为例解析多端并行法

到这里，可能有些人会问，到底我们在实际工作中该怎样使用多端并行法进行运营呢？下面，笔者就教给你多端并行法的运营思路。

1. 确认主打行业。
2. 找到适合自己的新媒体平台。
3. 开始运营。

可能有些人感觉上边的文字比较抽象，下面就让我们以刘经理的化妆品企业为例解析多端并行法。

刘经理经营了一家化妆品企业，现在她想通过新媒体来推广自己的品牌和化妆产品。但是，她不知道该如何选择适合自己的平台入驻。如果你是刘经理，你知道该选择哪个平台来对自己的产品进行推广吗？

根据上方的背景案例显示，刘经理经营的是化妆品。那么，化妆品在宣传当中应该突出什么呢？没错，就是突出化妆效果好、不晕染、不伤害皮肤。

因此，刘经理除了选择今日头条、微信、微博等平台外，还应该选择诸如快手等能够让阅读者对美妆效果一目了然的视频平台。当然，那些专业的美妆类直播互动平台，也最好入驻。

8.3.3 多端并行法该注意什么

注意统一性：多端并行法需要企业在不同平台上都注册官方账号，并且发布文章内容。因此需要企业官方账号的统一。你的 Logo、账号头像、账号名称、账号简介等基本信息一定要保持统一。这样，阅读者才能够知道你在各大平台上都有账号，久而久之便记住了这个品牌。

注意同步性：既然在每个平台都建立了账号，那么就涉及了一个内容发布的问题。很显然，企业不可能根据不同平台发布不同的内容。所以，一定要保持内容的同步性。如果你发布一个活动，在平台 A 发布了，却没有在平台 B 同步，那么阅读者就会对活动的可信度产生怀疑。阅读者会认为：都是官方账号，为什么发布的信息不同？到底有没有这个活动？进而对品牌失去信任。

主打一点：虽然是多端并行，但也要敲定自己主要运维的是哪个平台，经常在哪个平台互动。这样，阅读者才能够找到平台的大本营，进而持续追逐。如果你不确定主打平台，阅读者也无法在任何一个平台的官号当中得到回应。那么，他们对账号的好感度就会大幅下降。

> **Tips**：多端并行法就是企业在各类热门平台上都成立官方账号。这样，企业的曝光度便会在无形之中得到一定提升。但是有几点问题需要注意：1.账号名称、头像等细节的统一性；2.各平台内容的同步性；3.要主打一个平台。这样，阅读者才能够接收到信息并与企业保持良性互动。

8.4 两微一端法

如果要问在新媒体时代哪些平台的客户基数比较大，你的答案大概是微博、微信、今日头条。因此很多企业看中了这一点，选择在这三大平台开通了新媒体账号进行运营。那么，你知道这么做企业能够得到哪些好处吗？本节就将详细探讨。

8.4.1　两微一端法的优势

锁定流量入口：微博、微信以及今日头条客户端是时下最热门的平台。企业在这些平台上开通账号，就相当于锁定了时下的流量入口。阅读者无论登录哪个平台，都能够看到企业的相关信息。

增加出镜率：现在大部分人玩手机会登录微博、微信、今日头条。因此，企业在这三大主流平台上注册账号，发布信息，就相当于增加了出镜率，进而形成深刻印象。

8.4.2　以王经理的培训企业为例解析双微一端法

有很多企业家会问，到底两微一端法该如何在实际工作中应用呢？在这里，笔者就将运营要点教给你。

1. 先做今日头条和微博，再做微信。
2. 在发布内容时，应该带有其他平台推介位。
3. 内容要有针对性。

可能有些人会产生疑问，为什么在运营的时候我们要先做今日头条和微博呢？这个答案很简单，今日头条和微博的传播性比较强。而微信属于闭环传播，它没有官方的推荐位，运营时必须要找到流量入口才可以。

至于内容要有针对性就更好理解了，微博、微信、今日头条是不同的平台，每个平台上的内容字数和发布规则都不相同。因此，你要找到合适的思路来针对不同平台对文章进行优化才可以。

如果你感觉上面的文字还是有些抽象，不知道该如何运营，下面就以王经理的培训企业为例解析两微一端法。

　　王经理经营了一家 K12 培训企业，他想通过新媒体渠道来对企业进行推广，于是，便在微博、微信和今日头条三大平台注册了账号。但是，他不知道该如何运营。如果你是王经理，你该如何拟定运营思路吗？

　　根据上方的背景案例显示，王经理经营的是一家 K12 培训企业。他想运营的平台是微博、微信、今日头条。那么王经理的运营思路可参考如下。

1. 内容方向：K12 教育、儿童心理相关。
2. 每日在微博发布 5 ～ 7 条相关信息（一句话的形式）。
3. 每日在今日头条和微信发布一条相关文章。
4. 当阅读者达到一定基数以后，将活动消息发布在今日头条和微博，引导他们到微信进行互动。

8.4.3　两微一端法运营时该注意什么

　　内容有针对性：由于运营的是三大主流平台，所以要根据不同平台的特性，对文章进行有针对性的调整。例如，微博文章就一定要浓缩在 140 字以内，微信文章就一定要图文并茂等。

　　注意融通性：企业在三大平台同时运营，因此有必要注意平台之间的融通性。无论你在哪个平台发布内容，一定到带上其他平台的账号和昵称。这样，阅读者才能够知道你都在哪些平台开通了账号，进而选择最为方便的阅读平台来追随。

> Tips：企业选择使用两微一端法进行运营时，千万要注意不同平台的特性。一定要根据平台属性对文章做针对性的调整。千万不要一篇文章漫天发布，那样阅读者会产生抵抗心理，进而对你的品牌产生厌倦感。

8.5 个号关联法

如果你仔细留意便不难发现，现在很多微商和新媒体账号都会将个人微信号与官方微信账号相联系。那么，企业这么做又有哪些好处呢？本节，我们就来详细探讨个号关联法。

8.5.1 个号关联法的优势

便于引流： 众所周知，官方微信账号是无法主动添加好友的，只能等着阅读者感兴趣，然后自己来关注。那么我们想要为自己的官方微信账号进行引流该怎么办呢？这个时候，个号的优势就凸显出来啦！我们可以在个号中转发官方微信账号的消息，也可以利用个号来添加好友，然后转化到官方微信账号当中。这样将个号与官方微信账号相联系，引流就变得容易了。

增强互动性： 作为官方微信账号的运营人员，我们不可能24小时登录官方微信账号后台与阅读者进行实时互动，我们更不可能24小时都守在电脑前面。但是，我们可以将个号与官方微信账号挂钩，引导阅读者添加我们的个号，这样阅读者就可以随时随地与我们进行互动啦！这在无形之中就增加了互动性，同时，更便于运营人员来管理账号。

8.5.2 个号关联法该如何操作

到这里有些人会问：个号关联法这种运营手段该如何在实际工作当中来应用呢？下面，我们就来进行详细解析。在一般情况下，个号关联法的运营策略是以功能来决定的，共有2种不同的形式。

1. 引流吸粉型。

针对引流吸粉型，你可以建立多个个号。通过主动添加附近的人，以及地推、广告宣传等形式，争取获得更多的好友。当好友数量达到一定基数或者好友添加到上限以后，就可以通过转发官方微信账号文章、参与官方微信账号活动等手段来推广你的官方微信账号，将个号的人群吸引到官方微信账号上去了。当然，偶尔使用一下群发功能,发一发关于官方微信账号的信息也是可以的。

2. 互动维系型。

互动维系型相对比较被动,需要在官方微信账号当中绑定并推荐自己的个号,引导阅读者添加个号,在个号中与你进行详细的沟通、交流。这样,就能够确保想要和你交流的阅读者可以 24 小时找到你了。

8.5.3 以方女士的面膜产品为例解析个号关联法

下面,我们就以方女士的面膜产品为例解析个号关联法。

方女士最近加入了微商行列,她想用新媒体平台推广自己的面膜产品。虽然已经建立了官方微信账号,但是阅读者却寥寥无几。她不知道到底该怎么操作,才能吸引更多的意向客户。如果你是方女士,你知道该如何解决吸粉问题吗?

根据上方的背景案例可知,方女士想要解决的问题是为官方微信账号吸引阅读者。她的产品是面膜。那么,方女士就可以设计如下运营思路。

1. 建立多个个号,添加附近的人。
2. 前期与附近的人形成互动,夯实朋友关系。
3. 当个号阅读者达到一定基数或者满员以后,可以成立微群讨论。
4. 在成立微群的同时开始将官方微信账号文章转发到朋友圈,同时转发进微群内。
5. 发现个号好友有所下降后,可以重复以上操作。

这样重复几轮以后,方女士的官方微信账号阅读者量可能就会上升了。

8.5.4 个号关联法该注意什么

建立牢固好友关系:通过个号来吸引阅读者,这就是交朋友。为了能够提高官方微信账号的阅读者数量,就要学会在前期交朋友。在前期的聊天中一定要让对方感觉你和他是知己,这样才能和你添加的好友保持稳定的朋友关系。

发消息时不要造成骚扰:诚然,当个号好友数量达到一定基数后必须要发布一些关于官方微信账号的消息，但是要记住：千万不要造成骚扰。因此，这需要你所发布的消息具备一定含金量，要让你的好友有所得。这样才能确保不会降低好友的好感度，不会对好友造成骚扰。

不要发布硬性广告：无论你运营到了哪个阶段，都要记住：千万不要发布硬性广告。一旦你的内容里出现了硬性广告，敏感的好友就会识破你的最终目的，厌倦情绪瞬间飙升，进而删除并拉黑你。

交流频次要注意：使用个号为官方微信账号引流时一定要注意内容发布的频次。千万不要每天都发消息，那样你的朋友会感觉受到了骚扰。因此，引流时一定要找好理由。你可以以早安和晚安问候的名义与你的个号好友保持互动。

> Tips：虽然个号关联法是为官方微信账号引流与维系官方微信账号阅读者的一种手段，但是要注意发布消息的频次和内容，千万不要对个号好友造成骚扰。当然，也千万不要发布硬性广告。那样只会让你的好友和意向客户产生负面情绪。在沟通交流时，要让对方有所得，有所成长。这样，大家才会乐于与你交流，乐于阅读你的微信账号。

8.6　专家抱团法

不知道有多少人发现了这样的奇怪现象：你阅读专家 A 的微信账号，却能认识专家 B 和专家 C。你知道专家们为什么喜欢抱团吗？这么做又有什么好处呢？下面，就让我们对这一现象进行探讨。

8.6.1　专家抱团法的优势

增强认同感：如果有人告诉你他是专家，你应该不会轻易相信这个人。但是，如果有人告诉你小 A 是专家，还获得了一些荣誉，解决过棘手的问题。那么，你就会相信，进而对小 A 形成好感。因此，专家抱团的运营模式，能够增强认同感，使每一个人都更具权威性。

满足窥私心理：如果我们对 A 感兴趣，那么就会非常想认识他的朋友。当小 A 真将他好友的微信账号发布出来时，你就会好奇，进而过去看看。这就满足了阅读者的窥私心理，进而使阅读者得到非常舒服的阅读体验。

8.6.2 该找谁抱团

既然专家抱团这种营销方式具备这么多优势，那么我们在实际工作中又该找谁来抱团呢？下面，我们就进行详细探讨。在一般情况下，我们需要找到以下几类人来抱团。

1. 业界好友，即你所在行业的朋友。

2. 行业中写作最好的人。因为是在网络上宣传，所以必须要保证有一定的内容输出。因此，找到行业内写作最好的人进行抱团，就相当于有人来为你撰写文章，如果写得好会提升曝光度。

3. 前辈、老师。结交一些比自己强的人。这样你就能够获取更多的专业知识，也能够提升自己的层次。

8.6.3 专家抱团法该注意什么

知道该找哪些人来抱团还不够，我们在抱团时还有一些事情需要格外注意。

留出推荐入口：无论要与谁抱团都要给对方留出足够醒目的推荐入口，要让阅读者一看就知道你的朋友有哪些。这样，当阅读者对这些人感兴趣时就会自行点击过去阅读。当然，你也要确保你的朋友给你也留了同样醒目的入口。

形成观点互动：专家抱团法除了留出推荐入口以外，还要形成强烈的观点互动。你们可以针对目前行业内的热门话题，通过写文章的方式进行探讨，也可以由一个人抛出问题，其他人进行解答。总之，要在专业层面上形成观点互动。这样，阅读者才能够知道你们的专业性。

保持活跃度：保持活跃度在专家抱团运营手段里非常重要，因为你的朋友与你进行了互相推荐，所以一定会有人来到你的微信账号里进行阅读。同样的，也会有人到他的微信账号里进行阅读。因此，这就需要你们保证活跃度，能够让阅读者第一时间找到你，同时也要让阅读者每天都阅读到新鲜的内容。

Tips: 专家抱团的营销方式可以起到互相推荐、互相背书、树立专业度的作用。正因为互相做了推荐，所以就必须要保证你的活跃度，要让新进的阅读者能够接收到新的内容，能够随时找到你。这样，才能够让新阅读者拥有完美的阅读体验，从路人变成阅读者。

8.7 引擎占领法

想必有很多人看到这个题目会嗤之以鼻：搜索引擎营销都过时啦！事实不然。在没有流量入口，又没有时间来撰写文章运营自媒体的时候，占领搜索引擎，依旧是为微信账号引流，形成转化的极佳方法。

8.7.1 引擎占领法的优势

宣传更直观：占领搜索引擎就是要在阅读者搜索相关关键词时，搜索引擎上能够出现企业的名字，宣传起来更加直观。你只需要优化好网站或者打好搜索引擎广告，做好对微信账号的引导入口就可以了。

操作简单：占领搜索引擎一般有 2 种最简单、最直观的方法。第一，直接购买广告位；第二，让技术优化官网，在官网上做好对微信账号的引流。对于企业家而言，这两种方法都不需要你亲自去做，你只需要在后台观测阅读者数据就可以了。

8.7.2　该如何占领搜索引擎

细心的人在前边可能已经知道了这个问题的答案，但那只是一个粗浅的概括。在这里，我们再来详细地讲解一下该如何占领搜索引擎。在一般情况下，它的操作方法有3种。

1. 合作购买广告位：直接购买广告位这种方法非常简单，每一个搜索引擎都有属于自己的广告位。你只需要找到所在地的代理企业，与他们确定要推广的关键词和展现位置，然后合作购买就可以了。

2. 技术优化：技术优化一般从技术人员搭建官网就开始了，你可以确定好几个要进行推广的关键词，然后让技术人员在创建官网编写代码时编写进去就可以了。这样，你的网站一上线就能够被搜索到。当然，日后你也可以让技术人员针对一些关键词进行优化和文章发布。同时，也能够实现占领搜索引擎的目的。

3. 发布文章：在这里，发布文章并不是说你要把文章写得多么好，而是你要选择好文章的发布平台。在一般情况下，选择知名 B2B 或 B2C 分类信息平台、具备较高权重的门户网站与垂直网站，都可以让你的文章被搜索引擎收录，进而让阅读者搜索到。

8.7.3　占领搜索引擎时该注意的问题

我们在占领搜索引擎时该注意哪些方面呢？下面，笔者就为你进行详细的解析。

技术优化不应违法：在使用技术手段进行搜索引擎优化时，千万不要使用违法手段。一定要遵循搜索引擎的规律和算法进行优化。这样，你的优化效果是长久的。

确保跳转页面清晰：你不可能购买广告位直接连接微信图文页面，也不可能在门户网站发文章只发微信账号二维码，因此，一定要确保跳转页面的清晰度，要让阅读者一打开页面就能够清晰地看到企业微信账号的二维码。这样，阅读者根据阅读习惯，才能够找到你的微信账号，进而选择浏览。

Tips：搜索引擎占领法，就是要将企业在搜索引擎上进行展示。让阅读者在搜索相关关键词时能够先找到企业，然后点击页面，在现代阅读习惯的驱使之下，添加微信阅读企业微信账号内容。因此，需要在跳转页面做足文章，做好对微信账号的推荐引流。

8.8 热点跟进法

当我们没有引流渠道，也没有技术，更没有那么多金钱来对微信账号进行引流时又该怎么办呢？没错，那就是跟进热点。那么热点到底该怎么跟进呢？跟进热点对企业来讲又有哪些好处呢？本节，我们就针对这些问题进行详细探讨。

8.8.1 热点跟进法的优势

借势引流：在热门事件发生以后，这个事件的搜索量是持续升高的。如果由企业将热门事件的关键词写在文章当中，这就起到了引流的作用。阅读者在搜索热门事件时就会搜索到你微信账号的文章，进而点击阅读。

保持新鲜感：如果总是发布一些老生常谈的问题，相信阅读者也会看腻。当我们针对热门事件进行撰稿时，就会给阅读者一种新鲜感，进而刺激阅读者阅读。

8.8.2 以安经理的杂志社为例详解热点跟进法

下面，我们以安经理的营销企业为例，详解热点跟进法。

安经理经营一家杂志社，现在他想通过新媒体平台来宣传杂志社。但是他不知道该如何为微信账号吸引阅读量。如果你是安经理，你知道该如何做吗？

根据上方的背景案例可知，安经理想要做的事情是通过新媒体平台宣传杂志社。那么，根据热点跟进法，我们首先需要考虑：最近网络上相对热门的词汇和事件都有哪些。

没错，因为是七八月份的缘故，高考、毕业季、录取以及各大高校名称等词汇被搜索得较多。

那么，安经理的杂志社官微就可以发布高考、毕业季等相关题材的文章。这样，阅读者就能够在无意当中搜索到安经理的微信账号文章了。

8.8.3　热点跟进法该注意什么

根据行业使用热词：如果你的微信账号定位是食品行业，那么你就需要寻找食品行业的热词进行跟进。总之，不要蹭一些与本行业无关的热词，否则，会让你的阅读者感觉莫名其妙，进而取消关注。

确保热词的重复率：你一定要确保热门热词在你文章中的重复率。只有文章有一定的热词重复率，才能够被阅读者搜索到。如果关键词重复得少，那么你的文章很可能不会被收录，导致无法被搜索到。

> **Tips**：热点跟进法可以让阅读者在搜索热门事件的时候能够在无意中搜索到你的文章，进而最大限度增加文章的曝光度。但是也有一些问题需要注意，例如，热词在文章中的重复率以及热点与账号定位本身的相关度。这些都是需要运营人员慎重考虑的。

8.9　线下结合法

当我们在运营新媒体的时候，有很多客户和老板都会问你同样的问题：你用什么手段来帮助我们吸粉？这个时候，你该如何回答呢？本节就来教给你一个快速吸粉的方式——线下结合法。

8.9.1 线下吸粉的优势

聚拢客户：利用线下活动来吸引微信账号阅读者大大提高了账号阅读者的精准度。因为能够参与线下活动的人，一般都是对企业和产品感兴趣的人，所以，这个时候吸引上来的人除了老客户，就是意向客户，这就起到了聚拢客户的作用。

保障精准营销：如果只是线上活动，那么企业便无法判断客户的精准性。毕竟，参与线上活动的人不一定全部购买过企业的产品。但是，线下活动则不同。能够到店参与线下活动的人群，大部分是对产品感兴趣的。所以，线下活动就在无形之中保障了营销的精准性。

便于二次营销：如果没有引流到微信账号，那么参与线下活动的客户就不会与企业再有什么联系，久而久之，便会遗忘企业。但是，企业将参与线下活动的客户引流到微信上以后，就可以对这些客户发布产品信息以及企业动态，这在无形之中与客户形成了互动，一旦客户有需求就会形成购买行为。

8.9.2 线下活动该如何吸粉

到这里，可能有些人会问：到底线下活动该如何吸粉？下面，我们就针对线下吸粉问题进行探讨。在一般情况下，线下吸粉的手段有如下 4 种。

1. 实体店铺活动：指线下的商品促销、新品优惠等店内的优惠促销活动，一般与购买行为挂钩。

2. 商业街路演 / 地推：指在商业街进行游街地推或者搭台表演。

3. 线上活动线下兑奖。有很多线上活动都是需要阅读者到实体店铺内来兑奖的。为了达到促销效果，企业一般会举办一个兑奖活动。

4. 会议销售。会议销售出现在健康食品类行业比较多，即举办一个会议，找一些专业讲师，对大家讲述一些专业知识，同时进行销售。

至于企业选择哪种线下活动方式来吸粉，那就见仁见智了，需要根据企业的实际情况进行决策。但是，不管你选择怎样的线下活动形式，都需要你在活动现场放置企业微信账号二维码。这是将意向客户引流到微信账号里的渠道。

8.9.3 线下吸粉该注意什么

二维码的放置：利用线下活动为微信账号吸引阅读者一定要注意将二维码放置在活动现场显眼的位置，这样意向客户才能够被提醒进而扫码关注。同时，也要注意引导线下活动人员扫码关注。

账号内容要丰富：既然我们要通过活动来引导客户扫码关注，那么我们就必须确保大家在扫码关注以后有内容可读。通过阅读文章内容，客户对企业拥有更深的认知才行。所以，我们应该在进行线下活动之前，先在微信账号内发布一些内容。

Tips：通过线下活动来为微信账号引流是目前较为有效的一种引流方式，同时也是对老客户进行二次营销促成二次消费的手段。为了使被吸引来的新老客户能够被留存住，就需要我们提前在微信账号内发布一些内容，让关注的新老客户能够有内容可读，并且能够对企业有更深认知。

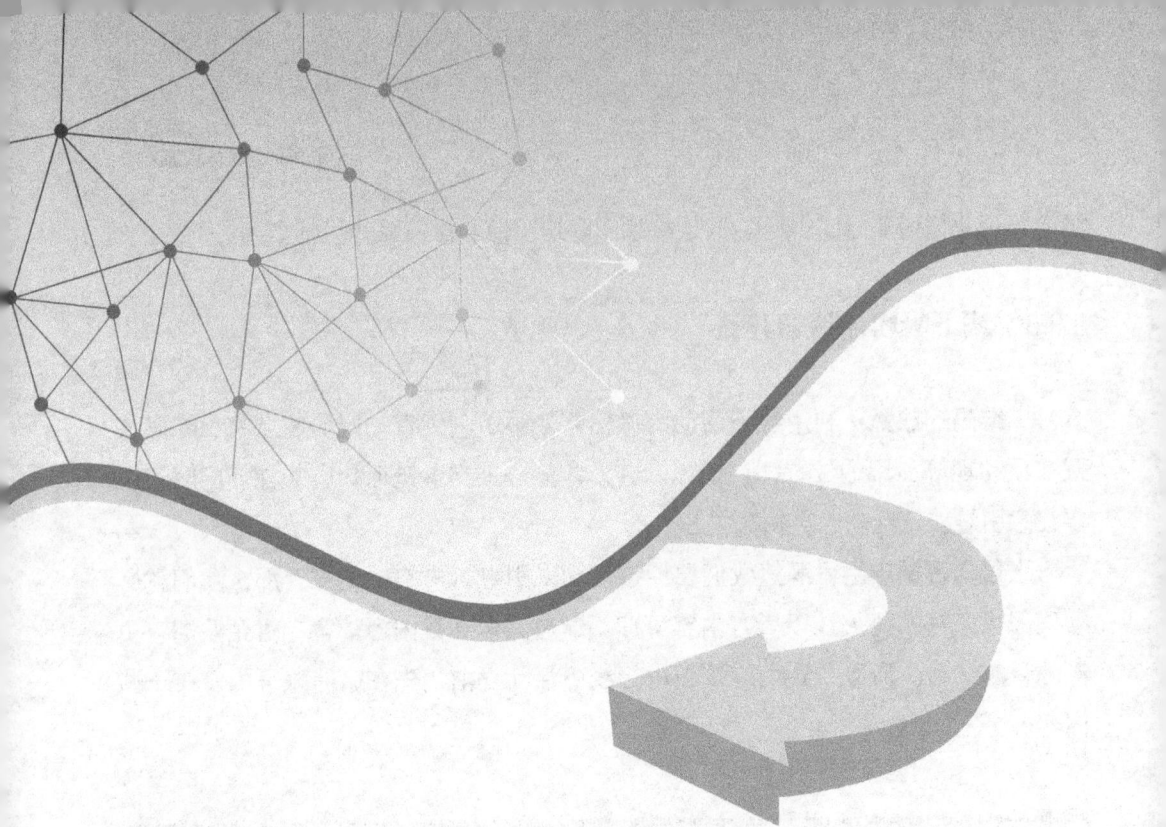

第 9 章
新媒体常见的互动方法

　　运营新媒体账号，你不可能看着账号冷冷清清而无动于衷。那么，这就涉及如何吸引阅读者互动，调动阅读者积极性的问题。本章笔者就根据实操经验汇总了新媒体常见的十大互动方法，帮助你将账号变得热闹起来，迅速变成众所周知的大 V。

9.1 红包互动法

随着新媒体平台发红包功能的普及，一些新媒体账号通过红包互动的方式吸引了大量的阅读者。他们是如何操作的呢？本节就来讲述红包互动法。

9.1.1 红包互动法是什么

红包互动法到底是什么呢？其实，红包互动法就是企业家通过在新媒体平台上广泛发布红包、频繁互动的方式，目的是吸引阅读者关注和追随。

然而这里的"广泛发布红包"，其实是微信平台内比较常见的红包活动。发多少红包？每个红包的数额是多少？阅读者怎么做才能红包互动？这一系列问题和风险都是可以被控制的，本节将会陆续讲述。

9.1.2 以李女士的房产企业为例详解红包互动法

红包互动法在实际的操作当中该如何运用呢？下面就来为你阐述红包互动法的操作步骤。

1. 敲定活动理由（告诉阅读者你为什么要发布这个活动）。

2. 确认活动时间、参与动作、发放流程（在发布活动之前，要敲定好活动的起止时间，阅读者要做什么动作才能得到红包，以及阅读者该怎样领取红包）。

3. 将步骤1与步骤2的信息整合，拟成活动文章。

4. 发布活动文章，开始进行活动。

在这里需要注意该如何在新媒体平台内实现红包发布这个动作。在一般情况下有2种可能：第一种，找专业模板套用，这种方法需要企业找到微信企业，购买它们的红包活动组件绑定在微信后台；第二种，找技术人员开发，这种方法比较适合实力相对雄厚的企业，你只需要告诉技术人员你的算法和需求就可以了。

下面就以李女士的房产企业为例详解红包互动法。

李女士经营一家房产企业，现在有一批新房开售。为了吸引老业主转发介绍，李女士想在微信账号内进行一次红包互动的活动。她的总预算为 10 万元。如果你是李女士，你知道该如何操作吗？

根据上方的背景案例显示，李女士想要发起的是线上红包活动，她的总预算是 10 万元，她的活动节点是新盘即将开售时。那么我们的活动思路可以如下。

1. 活动时间：新盘开售前半个月。
2. 活动主题：开盘送鸿运，万元红包任你抢!
3. 红包的发放规则：随机，上限为 10 万。
4. 将以上步骤整合，发布图文。

可能有些人会问为什么红包的发放规则是随机? 事实上，答案非常简单。运营活动时，必须要确保你的参与者拥有积极性。如果每个红包的数量恒定，那么阅读者便不会有动力来参与。但是，当有人抢到几百元的大红包也有人抢到了几元钱的红包时，阅读者就会跃跃欲试。

9.1.3 红包互动法该注意什么

选择靠谱的微信企业：由于受到技术等原因的限制，企业在发起红包活动的时候都需要向微信企业购买活动组件。这需要企业具备慧眼，选择靠谱的微信企业进行合作，才能确保活动过程不会出现纰漏，如果出现纰漏也能够联系到运维人员第一时间解决。

注意活动细则：针对活动起止时间、红包总额以及阅读者的宣传动作、兑奖方式等细节一定要慎之又慎。一定要反复确认，然后再进行活动发布。这样，才能确保企业的利益，尽可能不让企业蒙受损失。

确保红包数额的随机性：为了调动阅读者参与活动的积极性，你还要确保红包数额的随机性。一定要保障红包发放数额是随机的，这样参与者在互相交流的时候才会被吸引，进而积极参与活动。

Tips：红包互动法简而言之就是发起线上红包活动。为了最大限度地刺激阅读者参与、互动，在活动的过程当中一定要确保红包发放数额的随机性。除此之外，还要敲定活动起止时间、活动总预算、兑奖信息，以及活动规则等细节问题，才能最大限度地确保企业的切实利益。

9.2　圈友互动法

作为新媒体运营人员，很多人都一定被这样问过：怎样才能免费地进行宣传？你有什么免费的推广方法没有？我不想去买活动组件，你能做什么活动？本节就教给你一个简单的互动方法——圈友互动法。

9.2.1　圈友互动法是什么

圈友互动法就是以新媒体账号为发起者，让参与者以个号的形式进行互动和推广的一种活动方式。在一般情况下，圈友互动法有如下几种形式。

朋友圈积赞：朋友圈积赞在新媒体发展初期非常常见，就是引导阅读者转发图文消息到朋友圈，或者发布广告内容到朋友圈，积攒一定数量的赞，即可获得礼品。

朋友圈接龙：朋友圈接龙这种活动形式比较少见，就是引导阅读者在朋友圈发布一则广告语或者一个企业品牌词语，然后邀请自己的好友进行成语接龙，谁能在最后接回企业的品牌词汇，谁就能获得一份礼品。

朋友圈发布体验感受：这种活动形式一般在实体企业比较常见，就是当客户在店内消费以后，结账时顾客只需自拍并将体验的感受发布在朋友圈内，就可以获得一定数额的折扣或者得到一个小礼物。

邀请好友关注并留言：这样的活动比较烦琐，一般这样的活动都是引导阅读者邀请好友添加自己的新媒体账号，并且在新媒体账号留言是被谁邀请来的，同时留下联系方式。在活动结束以后，企业可以从中挑选出几个幸运阅读者来发放礼品。

9.2.2 以王经理的餐饮企业为例解析圈友互动法

下面就让我们以王经理的餐饮企业为例解析圈友互动法。

王经理经营一家烧烤店，现在店里有一款黄金烤翅的新菜品需要加大推广力度。他想通过微信这种新媒体平台进行宣传，吸引食客们来店里消费。如果你是王经理，你知道该如何发布线上互动活动吗？

根据上方的背景案例显示，王经理经营的是一家烧烤店。他想要主推的菜品是黄金烤翅。那么王经理的线上互动可以按以下方法做。

1. 通过微信账号发布店内活动（宣传黄金烤翅）。
2. 当阅读者来店消费后，在朋友圈发布一张吃黄金烤翅的照片以及感受，即可享受菜品全部六折的优惠。
3. 在结账时督促店员邀请食客参与活动，在朋友圈发布照片及感受。

9.2.3 圈友互动法在运营时该注意的问题

要具备趣味性： 无论你选择何种活动形式，一定要确保你所发布的活动具备一定的趣味性。这样，阅读者才能够最大限度地产生参与活动的兴致。同时，也能避免对其他人的骚扰。

确保活动持续性： 无论你采取怎样的活动形式，无论出于什么原因，一定要确保活动的持续性。在活动发起时说何时结束就何时结束，说参与者能够享受到什么优惠就要让他们切实得到这些优惠。这样可树立企业的权威形象。如果因为预算等原因提前终止或者不予兑奖，那么企业在阅读者心中的地位会直线降低，参与者会对企业失去好感。

> Tips：圈友互动法就是让阅读者在朋友圈做一些动作来宣传企业。在这里，有几点问题需要注意：1. 确保活动的趣味性；2. 确保活动的持续性。这样可树立企业的权威形象，提升参与者对企业的好感度。

9.3 游戏刺激法

现在许多年轻人喜欢玩手机游戏，很多企业通过线上游戏的方式吸引阅读者为自己宣传，提升新媒体账号的活跃性。本节我们详细探讨游戏刺激法。

9.3.1 游戏刺激法是什么

游戏刺激法，顾名思义，就是通过发起线上小游戏的方式来刺激阅读者参与活动，领取奖品。可能有些人会问，线上小游戏都有哪些？我该如何来找？

在一般的情况下，很多微信企业都有成型的线上小游戏模板。你只需要买过来，然后绑定在微信后台即可。当然，你也可以自己聘请技术人员，让技术人员开发小游戏。

解决了小游戏的来源问题，下面我们就来讲线上小游戏都有哪些。在一般情况下，线上小游戏有黄金矿工、疯狂赛车等。我们在发起活动的时候，只需要使用其中一个游戏让阅读者通过比分的形式进行比拼即可。

9.3.2 以张经理的游戏企业为例解析游戏刺激法

张经理经营一家游戏企业，现在有一款名为"奔跑"的新型小游戏急需推广，但是他不知道该如何操作。如果你是张经理，你知道该如何拟定活动思路，进行线上推广吗？

根据上方的背景案例可知，张经理经营的是一家游戏企业，他想要推广的小游戏名为"奔跑"。那么张经理的线上推广活动思路就可以拟定如下。

1. 首先与技术部协商，在小游戏"奔跑"的程序当中嵌入分数排名模块。

2. 确认活动时间，链接小游戏到微信后台，确认奖品、兑奖方式等活动细则。

3. 在微信账号发布活动消息，发起活动。

4. 在活动结束后兑奖，总结活动。

9.3.3　游戏刺激法该注意什么

反复测试：这样的活动一般都是依托线上小游戏模块进行的，因此就要在活动之前反复确认活动组件的安全性和稳定性。要确保活动后台服务器能够承受得起多人次的同时点击，一定不要在活动的时候让排名数据丢失，否则，就会极大地挫伤阅读者参与活动的积极性。

活动结束后排名应固定：在活动结束以后，一定要及时在微信后台卸下活动组件。同时，也要确保活动排名是固定的。因为我们无法确保活动结束以后，就一定无人玩这个小游戏，如果在活动结束后，活动排名依旧游动，那么，我们就无法得知活动结束时是谁排在第一位，谁排在第二位。如果数据出错，不仅会挫伤阅读者的参与性，还会对企业造成负面影响，引来不必要的麻烦。

> **Tips：**当企业近期没有什么动态，运营陷入低谷时，不妨使用发布线上小游戏比拼的形式来调动阅读者的积极性。当然，也有几点问题需要注意：1. 在发布活动之前一定要反复测试小游戏，确保小游戏的稳定性；2. 活动结束后将游戏排名固定。这能够最大限度地确保企业的利益不受损失。

9.4　时间刺激法

等待是激发阅读者好奇心的有效手段之一。目前很多企业利用阅读者这一特点，在微信等新媒体平台吸引阅读者的追随。那么，他们是如何做到的呢？下面，我们针对这一问题进行探讨，讲述时间刺激法在新媒体营销互动当中的应用。

9.4.1　什么是时间刺激法

时间刺激法其实非常简单，就是以时间为轴，通过延迟阅读者获取礼品的方式进行刺激。我们最常见的时间刺激法活动有：秒杀。

你可以通过新媒体账号提前发布回馈阅读者、发放礼品、发放福利的消息。然后让阅读者持续关注活动动态，在规定时间内进行秒杀。

这样，可以使阅读者在等待中对奖品产生更加浓烈的需求。同时，这也促使阅读者随时阅读新媒体账号文章，在无形之中使阅读者对企业和产品加深了印象。

9.4.2　以安女士的婴儿用品企业为例解析时间刺激法

可能有人会说时间刺激法到底该如何运用呢？下面，我们以安女士的婴儿用品企业为例，解析时间刺激法。

安女士经营一家婴儿用品企业，现在她想通过新媒体这一渠道回馈宝妈、宝爸，将吸奶器、婴儿床、婴儿车、婴儿服饰、奶嘴等物件通过活动的形式发放出去，同时宣传自己的婴儿用品店。但是安女士不知道该如何操作。如果你是安女士，你知道具体的操作思路是什么吗？

根据上方的背景案例，可得出如下要素。

活动目的：宣传自己的婴儿用品店。

礼品：吸奶器、婴儿床、婴儿服饰、奶嘴、婴儿车。

活动形式：线上活动。

根据上方的基本资料，安女士的活动可以按下列方式操作：以周或者半个月为单位，在新媒体账号里发起秒杀活动，每天正午 12 点，秒杀一件商品。

9.4.3 时间刺激法该注意什么

拉开活动间距：开展这样的活动一定不要怕麻烦，两次活动的时间间隔要长，这样才能起到刺激阅读者随时关注，同时，也能够让阅读者在新媒体账号没有活动时产生期待感，进而提高阅读者黏度。

操作时间应为极值：具体的秒杀时间一定要设置在 12：00、17：00 及 21：00、24：00 这样的极值当中。这样能够在一定程度上保证阅读者的参与度，也能够在一定程度上筛选出意向客户，同时，增加阅读者等待的趣味性。当阅读者获得了礼品后，幸福感就会大幅提升，进而记住这次活动和你的品牌。

奖品要有吸引力：举办这样的秒杀活动一定要将礼品设置成阅读者想要去买却因为种种原因没有去买的东西。只有这样，才能刺激阅读者对礼品的需求，进而紧盯活动信息来参与活动。

> **Tips：**时间刺激法可以最大限度地让阅读者对你的新媒体账号保持关注，提高账号的阅读者黏度。但也有几点问题需要注意：1. 拉开两次活动的间距；2. 将操作时间设置为极值；3. 奖品要有吸引力。

9.5 事件刺激法

如果你仔细留意就会发现，现在很多企业除了正常的节假日促销之外，还会过很多节。比如月庆、周年庆、半年庆、抢单节等。这些企业甚至还会在一年的某一天当中选出一个看起来非常好的日子来进行大促。例如，6月6日、8月8日等。那么，你知道企业为什么要这么做吗？下面，就来揭开这一问题的答案，探讨事件刺激法的互动营销方式。

9.5.1　什么是事件刺激法

事件刺激法，顾名思义，就是企业需要通过事件来吸引阅读者对企业和品牌持续关注。那么一定有人会问事件刺激法具体该如何操作，下面我们就来针对这一问题进行探讨。在一般情况下，事件刺激法有以下几种思路。

过节：这种方法比较简单，企业需要在一年的不同月份当中以过节的形式进行促销。例如，可以在 6 月 6 日过"66 顺心节"等。当然，也可以强加概念，将某一天变成节日。

创造事件：这样的方式虽然有一些难度，但也比较常见，企业需要通过邀请公众人物或者与公众人物互动的形式，制造事件，进而对产品和品牌进行宣传推广。例如，餐饮店可以邀请公众人物 A 到店里与朋友吃饭，第二天可以围绕公众人物 A 与朋友来店吃饭这件事写一些新闻或文章发布在媒体当中（前提：征求 A 的同意）。

公益行动：这个方法是很多企业屡试不爽的，即企业定期做资助、扶贫，或者参与赈灾等公益行动，或者发起公益广告如"光盘"等来树立企业的正面形象，在无形之中达到宣传推广的效果。

9.5.2　以王经理的食品企业为例解析事件刺激法

王经理经营了一家食品企业，最近又到了营销节点，可是最近企业确实没有什么好的理由进行宣传。各种线上活动已经发起过了，也没有邀请公众人物来代言或试吃的合作费，更没有参与或举办过社会类活动。这可让王经理发愁了，到底该以什么样的理由进行促销宣传呢？如果你是王经理，你知道该怎么办吗？

根据上方的背景案例可知，王经理企业的现状是各种线上活动已经发起过了，也没有邀请公众人物代言或试吃的合作费，更没有参与或举办过社会类活动。

那么，由于没有合作费，同时也做了很多线上活动，为了避免重复，我们就需要选择过节这个方法进行宣传了。

那么过节都有哪些方法呢？一种是选择好日期。但是，由于王经理企业的销售节点逼近，必须要做活动，所以选择好日期这种方法就无法利用了。只能选择第二种方法"强加意义"进行过节促销。

因此，王经理的促销理由可以是吃货节、面包品鉴节、情侣面包节、面包DIY节等。

9.5.3 事件刺激法该注意什么

避免重复：因为很多企业一年当中需要促销多次，所以必须要记住每一次的促销理由。然后，在下一次进行促销时就能够使用新的理由了。如果促销理由重复，那么阅读者就会觉得缺乏新意，进而对企业失去信任感。

节日要有来源：这里的"节日"一般指企业强加的，因此必须要为自己创造的节日选取一个非常好的理由使阅读者更乐于接受并参与。这个理由，就是节日来源，一般以故事形式。

注意社会影响：你所创造的事件一定不要逾越法律底线和道德底线。否则，不但不利于企业的营销宣传，还会给企业带来诸多负面影响，那样就得不偿失了。

> Tips：事件刺激法即企业为促销宣传制造一个非常便于阅读者接受的理由，可以是过节、创造事件、公益活动等。当然，一定要注意社会影响，你所创造的事件一定不能逾越法律和道德底线。

9.6 行动引导法

新媒体账号开通了好久，阅读者也很多，但就是没有收到任何互动信息，这个时候你该怎么办？你的阅读者总是在个号与你交流，但是却从来不在官方账号留言，这个时候你又该如何做呢？本节将教给你一个增强互动展示的方法——行动引导法。

9.6.1 行动引导法是什么

行动引导法，首先需要账号的运营人员做出留言、互动等动作，刺激阅读者仿效你的动作，即让更多阅读者按照你所希望的方式与你互动。例如，你希望增加账号内的留言数量，那么首先找一些阅读者在账号里进行留言。而你，也要在看到留言的时候第一时间进行互动。

这样，更多的阅读者就会被这些已经拥有的留言互动感召和引导，进而主动地在你的账号文章下方留言，和你进行互动交流。

9.6.2　行动引导法常见做法

主动留言：即找几个非常好的朋友，让他们在你的文章下方留言。久而久之，你账号的阅读者会接收到引导，在你的文章下方进行留言互动。

引导留言：即在文章下方发布一些文字内容，来引导阅读者进行留言。例如，可以写如对本文有不同看法请直接留言互动，留下你的意见，我们会及时调整完善。

9.6.3　行动引导法该注意什么

信息真实性：如果是留言互动，那么就一定要注意留言信息的真实性，千万不要让阅读者感觉你之前的留言是自己作假的，或者是你强迫朋友来留言的。一定要让留言者说出自己的真实想法和困惑，然后你再进行回复、互动。

内容有效性：留言互动到底好不好完全取决于你怎样引导阅读者。如果你的文章下经常出现一些八卦和闲聊的留言，那么以后你文章下会出现更多的类似内容。因此，不要为了让账号显得非常热闹，没有筛选，将账号里所有留言信息全部晒出来。一定要选择与文章内容本身相关的留言来晒。这样，就会在无形之中对阅读者进行一个引导，确保留言信息的有效性。

Tips：行动引导法需要账号的运营人员首先做出表率，如先找一些朋友给你的文章留言，或者在文章下方添加一句或一段话，提醒阅读者留言互动。当然，有几个问题需要注意：1. 注意留言信息的真实性；2. 要确保留言内容的有效性。只有这样，阅读者才更有可能被引导，进而使账号更具互动性。

9.7 留言回复法

可能有些人会感觉上一节不就是在讲留言回复法吗，是不是你写重复了？其实，并没有重复。上一节我们所讲的方法，是在账号没有任何互动的情况下需要去做的事情。

而本节我们需要详细探讨的是怎样与阅读者形成良性互动。本节将重点讲述账号以前比较活跃，而现在却冷落很多，这个问题该如何解决。

9.7.1 留言回复法该如何应用

留言回复法，即通过回复留言的方式与阅读者进行互动。

你可能会发现有很多新媒体账号以前留言和互动的人数很多，现在不知道什么原因，没有人来留言互动了。这是为什么呢？你首先应该思考以前是否足够重视阅读者。

如果答案是没有，那么账号互动率降低的原因即你没有及时针对阅读者的留言进行回复。阅读者有问题时你没有给予解决，久而久之，阅读者就会失去兴致，因此不来互动。

那么从现在开始，除了正常的文章发布、活动发布以外，还需要做到及时回复阅读者的留言。当然，不只是文章底部的留言，还有账号内的留言。

总之，只要是你能接收到的留言，你都要及时予以回复。

9.7.2 留言回复法该注意什么

回复的及时性：确保只要阅读者留言，他就能够接收到回复。这并不意味着你要 24 小时守在电脑旁边。你只需要每天晚上登录平台一次，然后回复所有的留言，做到留言"不过夜"就可以了。

问题的解决程度：阅读者来账号进行留言，就意味着他们确实有问题需要解决。这就需要你在回复时帮助他们切实解决实际问题。只有这样，阅读者才能够对账号产生好感，进而在潜移默化中成为你的忠实阅读者。

Tips：留言回复法是维持账号活跃度，使阅读者变成忠实阅读者的手段。这就需要你做到及时回复阅读者的留言，同时为阅读者切实解决实际问题。只有阅读者的问题在第一时间得到了有效解决，才能使其对你的账号追随。

9.8　兴趣筛选法

当账号达到一定阅读者基数，也做了一些活动，但运维陷入瓶颈的时候，我们又该如何调动阅读者的积极性，增强账号的互动性呢？下面，我们就来揭开这一问题的答案，教给你调动阅读者活跃度，增强阅读者黏度的方法——兴趣筛选法。

9.8.1　兴趣筛选法该如何操作

兴趣筛选法该如何操作呢？在一般情况下，兴趣筛选法的操作有 2 种。

添加小标题：账号运营久了，我们就需要知道阅读者都对哪些方面的文章内容感兴趣，从而有侧重地发布，提升阅读量。这个时候最简单也最方便的方法就是在文章的标题前添加文章属性方向。例如，你要发布一条关于教育的信息，那么就要在文章标题的最前方添加教育二字。这样，阅读者就可以根据引导，直接点击自己喜欢的方向来阅读了。

成立群组：最简单的突破运维瓶颈的方法就是让阅读者能够在账号的引导下形成归属感。那么，怎样才能形成归属感呢？没错，就是找到一帮志同道合的人，或者找到一帮习惯都相同的人。这个时候，你就可以围绕账号来成立群组，将具备不同习惯和兴趣的人圈定在不同的微群内进行交流。久而久之，阅读者在交流时有了归属感，就会对你的账号持续追逐。

9.8.2 以小刘的读书账号为例解析兴趣筛选法

小刘在运营着一个读书账号，虽然账号每天的阅读量都不少，但是，小刘却发现每天的内容不能让所有人都满意，有人喜欢社科类图书，也有人喜欢文学类书籍，众口难调。而且，阅读者都渴望了解自己感兴趣的图书品类内容。这让小刘犯了难，他不知道该如何对账号进行调整。如果你是小刘，你知道该如何操作吗？

根据上方的背景案例可知，小刘遇到的问题：1. 众口难调，每天发布的内容不能让所有阅读者都满意；2. 每个阅读者都想读到自己感兴趣的图书品类内容。此时，小刘需要做的事情如下。

1. 在发布文章时需要在标题之前添加图书品类。例如，这篇文章讲述的是关于科幻类图书的内容，就在标题前边添加科幻二字。

2. 观察阅读情况，找到阅读量较高的五大图书品类。

3. 成立五个兴趣群组，使阅读者能够在自己喜欢的图书品类群里进行互相交流。

9.8.3 兴趣筛选法的注意事项

注意兴趣群的维护：成立兴趣群组并不是说阅读者在群里互相交流即可。作为账号的运营人员，你还需要注重对兴趣群组的维护。一定要让阅读者在群里找到归属感，能够收获到一些内容，只有这样，阅读者才能够形成追随。

适当地给予福利：维护兴趣群组不可能是你一个人的事情，需要给予志愿者一些福利，让志愿者帮助你维护兴趣群组。

Tips：兴趣筛选法就是要让阅读者根据自己的兴趣来选择不同的群组，在群组的交流讨论当中对账号产生归属感。与此同时，你也可以了解到阅读者的阅读偏好，进而调整账号内容，最大限度地调动阅读者的阅读兴趣。

9.9　升级选拔法

当账号的阅读者达到一定基数以后，除了通过活动以外，还有哪些方法能够吸引阅读者对账号持续追随呢？在这里推荐一种非常简单的操作方法：升级选拔法。

9.9.1　升级选拔法是什么

升级选拔法非常简单，就是要对阅读者制定一套专业的层级体系，让阅读者通过一层层选拔与晋升，与你进行深度互动。在一般情况下制定层级有以下几种情况。

公益分享： 当账号是以分享某一领域知识为主时，就可以成立阅读者群并设立初级小白、中级讲师、高级讲师的层次。然后引导阅读者通过一层层升级，帮助自己维系阅读者群，在群内进行分享。同时，也满足阅读者渴望成为大 V、获取更多福利的心态。

会员体系： 如果账号以营销为主，那么就可以设立 VIP、白金 VIP、黄金 VIP 三个不同的层级，进而刺激阅读者进行购买，一层层升级，成为黄金 VIP，获得更多优惠福利。

9.9.2　以小李的健身中心为例解析升级选拔法

小李经营一家健身中心，他发现很多人虽然办了卡，可是一直没有消费，所以店内冷冷清清，而且续卡的人也不多，现在他想要通过建立层级来维系自己的新老客户。如果你是小李，你知道该如何操作吗？

根据上方的背景案例可知，小李想要解决的问题是让老客户到店健身，刺激老客户续卡。我们知道健身卡一般分为：次卡、月卡、季卡、半年卡和年卡。那么健身中心客户层级可按下表制定。

表 9-1　健身心中客户层级

层级	晋升条件	优惠福利
VIP	已经办理次卡、月卡的老客户	消费八五折
VIP plus	1. 已经办理季卡的老客户 2. 续费季卡的老客户 3. 在店内健身满 300 小时以上的客户	消费八折
白金 VIP	1. 已经办理半年卡的老客户 2. 续费半年卡的老客户 3. 在店内健身满 500 小时以上的客户	1. 消费七折 2. 节假日、生日礼物 3. 私教体验 3 次
黄金 VIP	1. 已经办理年卡的老客户 2. 续费年卡的老客户 3. 在店内健身满 1 000 小时以上的客户	1. 消费五折 2. 节假日、生日礼物 3. 私教免费定制健身计划

备注：1. 晋升条件是只要顾客符合其中一项即可晋升。
　　　2. 当各层级 VIP 持续半年没有任何消费时，层级自动降低一个层级，无法享受当前层级对应优惠福利（卡内之前已购买的正常体验次数和时长不变）。
　　　3. 务必在健身卡有效期内使用，超出有效期则健身卡作废。

9.9.3　升级选拔法该注意什么

各层级优惠福利要拉开层次：为了实现刺激客户参与层级晋升的目的，一定要让各层级的福利拉开层次。这样客户就能够在福利的刺激继续晋升，实现企业引导老客户重复消费的目的。

层级晋升要有难度：既然建立了层级，就要确保层级晋升有一定难度。这样处在最高层级的人群才能够在心里拥有一定的成就感进而持续消费。

> **Tips**：升级选拔法即通过建立不同层级来刺激阅读者进行互动或消费。在这里，有几点问题要格外注意：1. 各层级福利待遇要拉开层次；2. 层级晋升要有一定难度。只有这样，阅读者才能够有晋升层级的欲望。

9.10　模板套用法

在运维新媒体平台的时候，有很多企业不愿意花费大量的时间去思考活动，也没有太多的经费。如果想要发布一些小活动来调动阅读者积极性，那么你知道该如何操作吗？本节就来教给你模板套用法的新媒体互动方式。

9.10.1　模板套用法是什么

模板套用法，就是企业通过套用现成的线上小活动模板，来发起线上活动，吸引阅读者参与，增近企业好感度，提高阅读者黏度。那么一定有人会问，都有哪些活动模板可以供我们套用呢？下面笔者进行详细讲解。一般最常见的活动模板如下。

大转盘：大转盘这种活动需要企业设定好奖项以及每个奖项能够被转到的概率、起止时间、每个客户能够参与的次数，然后，就可以发布图文、发起活动了。

刮刮卡：刮刮卡活动和现实的刮刮乐的形式是一样的。阅读者只需要在规定时间内打开页面，刮开页面上被遮盖住的那部分就可以了。这种活动需要企业确定奖项、每个奖项的获得人数、刮到奖项的概率和活动的起止时间。

水果机：水果机需要阅读者通过点击按钮，将页面上的三个图片变成一致的，然后就可以获得礼品了。中奖次数等相关细节信息在后台需自行设置。

随着新媒体平台的不断发展，微信线上小活动已经被开发出了多种，本节只挑选几种比较常见的进行介绍。但无论你选择哪个模板，都需要提前在后台设置如中奖信息、每人每天最高参与上限、奖品数量、获奖概率等相关细节信息。

至于如何填写，在活动模板的后台都有详尽介绍，在发起活动时微信企业也能协助你填写，在这里就不一一讲述了。

9.10.2　模板套用法该注意什么

最高奖项应留在最后：为了能够让阅读者更加乐于参与活动，最好将活动的最高奖项留到活动的最后。这需要你与微信企业的技术开发人员进行沟通。

　　细节信息的填写：在发起活动的时候，一定要注意细节信息的填写，在活动之前就确认好活动的奖品、获奖概率、参与次数等一系列细节。只有这样，才能确保活动的正常进行，最大限度地保证企业利益不受损失。

> 　　Tips：当企业没有那么多预算，但是还想发起一些小活动的时候，可以选择套用模板法。在一般情况下，每个微信企业都拥有成型的模板，你只需要提供需求，与他们确认好活动细节就可以了。当然，在活动之前一定要做好活动模板的测试，确保活动万无一失。

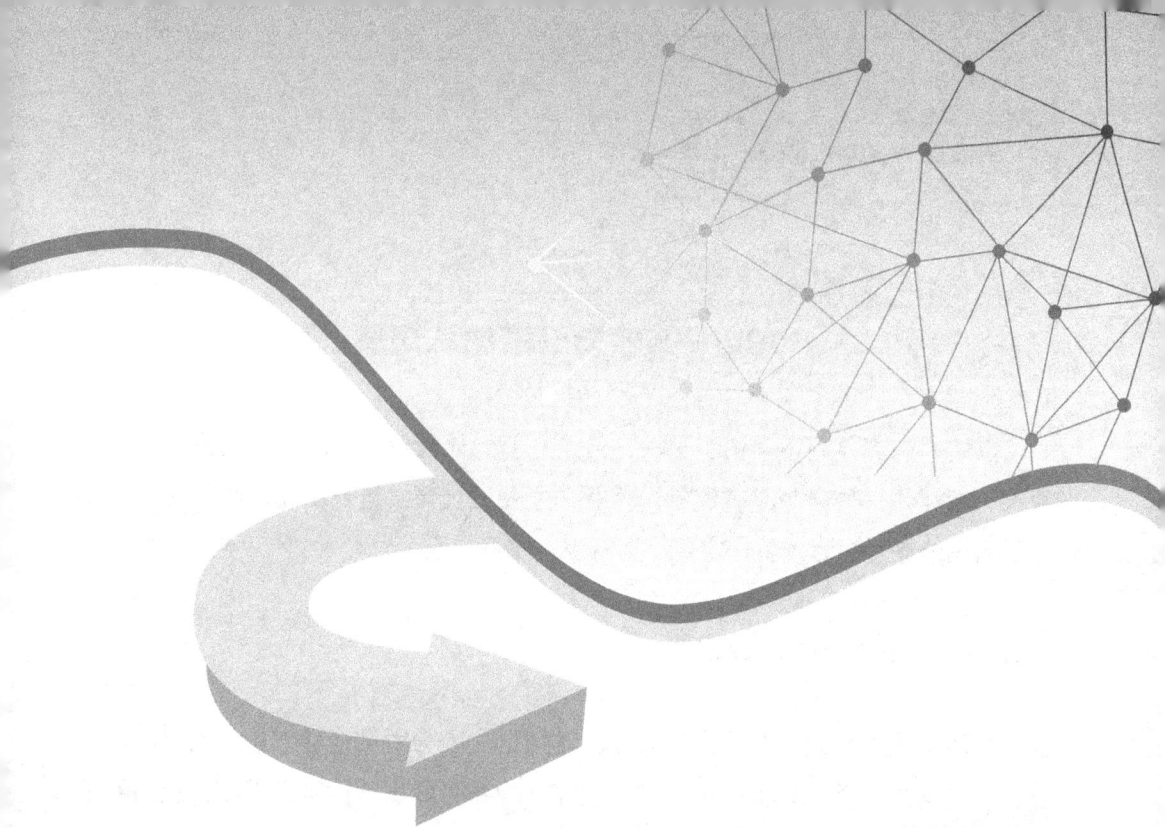

第 10 章
新媒体营销的其他小技巧

除了前边提到的实操方法及互动引流方法，在进行新媒体营销的时候，还需要利用一些小技巧。而这些技巧，一般只有通过亲身实践才能够掌握。在本章，笔者回顾过去多年实战经验，为大家总结了 8 个小技巧，供大家参考使用。

10.1 露才扬己增加认知度

以前人们都说酒香不怕巷子深，但是在新媒体营销时代却是"酒香也怕巷子深"。新媒体账号自身没有流量，企业必须要通过营销进行引流，因此，我们在运维新媒体账号的时候就一定要显露特色，宣扬自己。

10.1.1 为什么要露才扬己

可能有些人会问，企业为什么要露才扬己？因为微信账号本身并没有流量，需要企业通过活动、地推等形式进行引流，为账号吸引阅读者。因此，我们就必须要露才扬己。

只有企业学会了为自己吆喝，才能让阅读者了解企业，认识企业账号，进而对品牌产生兴趣，持续关注账号。

10.1.2 该如何露才扬己

作为企业到底该如何露才扬己呢？在这里，笔者总结了几种方式供大家参考使用。

打广告：露才扬己最简单的方式就是在各种平台打广告。现在互联网广告形式有以下几种，App广告、朋友圈广告、微信文章页底广告、微博广告、门户网广告位、B2B分类信息平台广告位、发布文章、搜索引擎营销。企业只需要根据自己的需求找到对应的广告企业购买广告套餐即可。

地推与活动：企业还可以通过在商业街地推以及发布线上线下活动的形式宣传账号。这样做的好处是切实有效。有多少人参与活动，基本上你就可以吸引到多少阅读者。坏处是如果账号内容不到位，失去阅读者的速度也会很快。

内部人员转发：这种方法其实也很常见，就是要求企业内部人员不定时地在朋友圈转发企业账号，在朋友圈发布关于企业的信息。这是企业认同性的一种表现，不仅能够提升员工的凝聚力，还能让员工身边的朋友更加了解企业。

商会 / 好友介绍：每一家企业的老板背后也都拥有朋友圈，尤其老板之间可以互相推荐。这样，大家抱团取暖，能够吸引更多的人关注企业。

发布案例与成就：除了上面的这些方式以外，企业还需要时不时地在账号内发布案例和已获得的成就。加深阅读者对企业的认知，进而对企业产生一种信服感，并持续关注。

> Tips：在运营新媒体账号的时候，适当进行宣传，是自信的一种表现。只有将企业信息宣传出来了，敢于为你的账号进行宣传，才能有更多的人来关注和认识你，对你的品牌产生好感。当然，要注意在宣传时不要夸大事实和成就，如果有触及广告法的危险，得不偿失。

10.2 齐心协力提升影响力

正所谓众人拾柴火焰高，也许一件事你自己来说可能没办法产生那么大的影响力，但是如果许多人一起用力，帮你宣传，你也许真能够拥有超强的影响力。本节就讲解齐心协力运营新媒体的方法。

10.2.1 为什么要齐心协力

扩大影响力：可能"自卖自夸"没有什么作用，当你找到了身边的朋友帮助你宣传时，就会让其他阅读者了解到你的影响力，进而对你产生好感。

提升曝光度：一个人的力量总是微弱的。当一群人都在帮助你宣传的时候，这群人身边的朋友就会对你进行关注，这样就在无形之中提升曝光度。

10.2.2 该如何齐心协力

可能有些人会问，既然齐心协力有这么多好处，那么到底该如何做呢？在一般情况下，齐心协力的方式有如下几种。

文章推荐：可以让朋友在发布图文消息时推荐你的账号。相同的，你也需要在你的账号文章里推荐朋友的账号。这样，对你感兴趣的人群就能够关注你的账号进行互动了。

朋友圈互动：当然，你也可以编辑好信息让你的朋友发布到他们的朋友圈当中。这样，你朋友的朋友就能够阅读到信息，进而关注你的账号了。微信是朋友推荐的，因此增加了可信度和好感度。

线下参会：除了以上方式，你也可以通过在线下参会的方式结交一些良师益友，让这些人帮助你宣传账号。

Tips：齐心协力简而言之就是找一些朋友帮助你宣传账号，为你的账号进行背书。这样，久而久之，你账号的影响力会逐渐增大。当然，一定要注意信息的可靠性。不要每天让朋友帮助你发硬性广告，那样不仅对朋友来说是骚扰，也不利于吸引意向客户。

10.3 女性个号帮助提升曝光度

如果你仔细留意就会发现，很多企业账号管理员都是女性。真的一定是女性在运营吗？其实不然。很多管理员账号都是由三五个人来负责的。那么，你知道为什么企业喜欢将管理员的身份设置成女性吗？本节我们就对此进行详细探讨。

10.3.1 为什么需要女性个号的帮助

更容易被信任：在社交环境当中，女性往往意味着平和、温暖，因此更加容易被信任。对于女性阅读者而言，与女性交流更加能倾吐心声。对于男性而言，与女性聊天能够更具自信心，使心情更加愉悦。

更容易被理解： 在生活当中大家可能有这样的感受，在职场当中，如果男性犯了错误，往往会马上遭到批评。但是如果女性出现了过失，只要立即道歉，往往大家都会会心一笑，就原谅了。无论你是否承认，女性在社交当中往往更容易被理解。

因此，企业将社群和账号的管理员设置为女性，就能够在一定程度上争取到更多的信任和理解，进而为企业规避很多不必要的麻烦。

10.3.2　让女性个号帮助提升曝光度该注意什么

头像不必暴露： 很多企业也知道通过女性身份来管理企业社群和账号，但是却将头像设置得非常露骨。事实上这是非常不可取的。毕竟，我们运营的是企业官方账号，利用女性身份只是为了获取更多信任和理解，如果头像过于暴露，会给人一种轻浮感，反倒不利于营销互动。

语言要轻快： 既然是通过女性形象来进行营销推广，那么就一定要符合女性这一特征。在交流的时候，一定要给阅读者一种温馨、温柔、知性的感觉。语言最好轻快简洁，含蓄大方。这样更容易被接受。

Tips：如果企业想要快速获取更多阅读者的信任和理解，那么不妨使用女性形象作为社群运营和账号运营的手段。当然，也有几点问题需要注意：1.头像不应过于暴露；2.语言要轻快含蓄，语气温柔。

10.4　学会删除才能得到准客户

有很多人使用个号为官方账号进行引流，但是却很少有人在一段时间之后来清理个号。这会导致需要开多个个号。其实，大可不必这样大费周章，只需要将手里的个号清理一下好友就能够添加新人，继续为官方账号引流了。对此本节将进行详细的讲解。

10.4.1　为什么要清理个号

定期清理个号能够帮助你把个号上面对产品和对你没有兴趣的人清除掉，久而久之，你个号上都是你的意向客户了，这样再推广官方账号就变得非常容易了。

同时，定期清理个号还能够帮助你节省资源。你不用再注册其他个号，那会导致意向客户不多，但却拥有多个个号，引流与互动非常麻烦，导致难以管理。

10.4.2　清理个号时该注意什么

频次不要过于频繁：人与人之间建立信任和互动需要感情作为基础的，如果你和刚刚添加的人没有感情基础，那么就很难形成互动。因此，一定要给刚刚添加的人一些时间，让他们对你有足够了解。如果在足够了解以后，对方还是没有添加你的公众号或者根本无法与你形成互动，此时就可以将这些人清理了。

清理时也要委婉：清理时可以使用群发功能，但是措辞一定要委婉。如果措辞不委婉，对你拥有好感的人也有可能会产生厌烦感，进而把你从好友中删除。因此，清理时最好使用问候语进行群发。

Tips：定期清理个号可以帮助你更加了解你的好友，进而将意向客户都留在个号上。这样，当你向官方账号引流时，就会轻松很多。当然，也一定要注意清理个号的频次千万不要过于频繁，要为你的好友留出互相了解的时间。同时，在清理个号时措辞一定要委婉，否则可能会给他们带来负面印象。

10.5 群发信息保持熟悉感

当企业账号拥有一定的阅读者基数后，发现有时群发信息后反而失去很多阅读者的关注，因此不知该如何适当地群发信息维持。本节，我们对此进行详细探讨。

10.5.1 为什么要适当地群发信息

适当地群发信息，在一般情况下起到的是提醒和问候的作用，这就和公众人物一样，如果长期不出演任何影视剧，不进行任何广告代言，不参加任何活动，久而久之，就会被阅读者淡忘。新媒体账号也是一样的，如果我们长期不发起线上活动，不发布任何内容，那么也会被我们的阅读者淡忘。

当阅读者把你淡忘以后，再想要让他们关注你，就难上加难了。这就相当于之前的吸粉工作全部白做，需要重头再来。

其实阅读者掉了不可怕。重点是你能不能吸引更多的人使阅读者数量保持缓慢增长或者恒定。这个就见仁见智了，需要大家在实操的过程中摸索总结。

10.5.2 群发信息时该注意什么

硬性广告信息不宜过多：在群发内容的时候，千万不要添加过多的硬性广告信息，那样会让你的阅读者觉得受到骚扰，进而对你的品牌产生负面情绪，取消关注。

内容要轻快有趣：既然是在新媒体平台宣传企业，那么就一定要确保发布的内容轻快有趣。毕竟，阅读者阅读微信文章的时候，在一般情况下也都抱着娱乐的心态。语言轻松有趣，能够增加阅读者的好感，进而对账号持续追随。

> Tips：在运维新媒体时千万不要害怕关注度降低，务必保持一定的文章发布量。这样，阅读者才能够对你的品牌保持熟悉感。当然，如果真的有阅读者取消关注了，也不要害怕，这意味着这部分人对你的品牌不感兴趣，取消关注也不是你的损失。

10.6 搜集客户反馈展示真实口碑

当账号运营了一段时间以后，你就会发现账号阅读量开始下滑，阅读者取消关注的数量也在飙升。这个时候，你知道该怎么办吗？本节我们探讨搜集客户反馈的重要性。

10.6.1 为什么要获取客户反馈和真实口碑

试问，当你对一个品牌一无所知的时候，你该如何了解这个品牌呢？没错，一定是首先看一看都有哪些人使用了产品，这个产品的口碑怎么样、效果怎么样，如果好，会选择购买；不好，则选择放弃。

这个时候，获取客户反馈和真实口碑的重要性就凸显出来了。作为运营人员，你可以主动地搜集客户使用产品后的感受和效果图，还可以让客户录制一些视频，说一些对企业的寄语。

除此之外，搜集客户的反馈和真实口碑，还可以使你更加了解客户的关注点在哪里，进而有侧重性地对账号内容进行调整和修改。通过发布阅读者感兴趣的内容来调动活跃度，最大限度地维系阅读者的黏度和活跃度，提升图文消息的阅读量。

10.6.2 获取到了客户反馈和真实口碑后该如何使用

搜集完客户的反馈和真实口碑以后，就可以使用这些素材了。在一般情况下，使用方式有如下几种。

1. 在账号开辟反馈板块，将客户的真实口碑与反馈展示出来。阅读者在添加账号的第一时间就能够阅读到真实口碑与反馈，可增加信任度和好感度，进而选择购买。

2. 还可以以案例的形式表现在图文当中。这样在无形之中就起到了宣传和推广的作用。

3. 对账号内容进行调整。搜集完客户反馈以后，你便知道了阅读者真正关注的内容在哪里，进而选择他们感兴趣的内容进行呈现。这也是最大限度地维系住阅读者基数，调动阅读者活跃度的方法之一。

Tips：在账号运营了一段时间以后，你会发现阅读者的黏度与活跃度都不太好。这个时候，你需要广泛地搜集客户的反馈和真实口碑。将这些信息搜集来以后，你便可以有侧重性地发布一些阅读者真正感兴趣的内容。当然，也可以开辟案例板块来展示这些内容，以增加阅读者的好感度，促成购买行为。

10.7　优化个号提升第一印象

当你选择利用个号来与官方账号阅读者进行互动时，千万不要忘记优化你的个号。可能有些人会问，为什么要优化个号呢？本节我们就来探讨优化个号提升第一印象的重要性。

10.7.1　为什么要优化个号

一般能够通过官方账号来添加个号进行互动的人群，本身都是对个号拥有期待感的人，或者对个号拥有一定好感度的。阅读者渴望看到个号的真实样貌以及个号朋友圈中更加有深度的互动和见解。

如果他们通过官方账号添加个号以后，根本无法得知这一切，可能会失望。轻则删除好友，重则取消关注。那么，你利用个号对官方账号进行运维的策略反倒会成为你的弱项。

10.7.2　优化个号该优化哪些方面

头像：微信头像一定是你清晰而且庄重的图片，在一般情况下，如果你运营的是观点类、新闻类的账号，最好使用正装照片。如果你运营的是情感类的账号，就需要你使用生活或艺术照片。总之，无论你选择怎样的照片，一定要确保清晰度。

签名：签名也能够体现一个人的阅历和学识。因此，你的签名一定要与你的账号挂钩，或者充满正能量。千万不要写心情，那样只会损害账号的形象。比如，你可以写一句励志的话，还可以写关于账号所属行业的点评。

朋友圈：朋友圈也能够反映出一个人的成熟度，好的朋友圈能够为别人提供优质的内容资源。注意千万不要高兴了在朋友圈说一声，郁闷了在朋友圈大骂。那样会有损你的个人形象。

朋友圈可以发布一些关于行业的内容，还可以写一些正能量的话语，总之内容一定要有含金量。

> **Tips：**如果你选择利用个号来运维你的官方账号，那么就一定要优化你的个号形象。比如，头像应该是清晰且美观的，签名一定要有正能量，朋友圈内容也要有一定含金量。只有这样，在阅读者添加你的个号以后，才能保持对你的好感度，进而持续追随。

10.8　熟用小程序提升形象

在新媒体时代，除了运维好官方账号，做好个号形象管理以外，你知道在互动与交流的过程当中该如何提升个人形象，让其他人对你刮目相看吗？本节就教给你几个提升形象的小程序，让你的朋友眼前一亮。

10.8.1　有哪些小程序可以应用

群应用：在群应用当中你可以制作一张自己的微信名片，同时还可以建立社群来管理企业、商会、协会、官方账号等团队成员，简单方便，如图 10.1 和图 10.2 所示。

点击进入微信小程序群应用→名片当中，你就可以在线创建你的微信名片了。这样，你在日后进行互动和社交时就再也不怕忘带实体名片啦！使用微信名片进行社交，也能够彰显你与时俱进的一面。

点击进入微信小程序→创建社群，你就可以根据需求在线创建你的社群了，更加便于管理。

辟谣助手：如果有人向你咨询一件事，而你却不知道真假，会不会显得非常尴尬？适当地使用辟谣助手，看一看最近发生的事情哪些是真，哪些是假，这样你便拥有了谈资，无论出席何种场合，与谁进行讨论，都会显得从容自如。

图 10.1 微信小程序名片

图 10.2 创建社群

10.8.2 在选择小程序时该注意什么

选择阅读者类小程序：无论你选择使用怎样的小程序，都要首选阅读者类的。

最好是大多数人都熟知并且正在使用的。千万不要选择一些只有几个人知道的小众程序，那样会给客户带来不便，反倒不利于社交。

研究熟后再"炫技"：当然，有些小程序是新上架的，这就需要你在使用和"炫技"之前首先练熟，至少在朋友问到你时能够对答如流。

Tips：适当地使用一些小程序能够帮助你在社交活动中树立时尚、前卫、见多识广的形象。但是切记，无论你选择哪种小程序来使用，都要首选阅读者类的，最好是大多数人都了解的，确保小程序的通用性。其次，还要注意在使用小程序时你首先要研究熟，然后再"炫技"。这样，你才能够对朋友的问题对答如流。
